SPICKZETTEL FÜR LEHRER

CARL-AUER

Anton Hergenhan

Keine Beleidigungen mehr!

Respektvolles Miteinander
im Unterricht

2014

Reihe »Spickzettel für Lehrer«, hrsg. von
Christa Hubrig und Peter Herrmann
Reihengestaltung: Uwe Göbel und Jan Riemer
Satz: Heinrich Eiermann
Printed in Germany
Druck und Bindung: Kösel, Krugzell

Erste Auflage, 2014
ISBN 978-3-8497-0021-8
© 2014 Carl-Auer-Systeme Verlag
und Verlagsbuchhandlung GmbH, Heidelberg
Alle Rechte vorbehalten

Bibliografische Information Der Deutschen Nationalbibliothek
Die Deutsche Nationalbibliothek verzeichnet diese Publikation
in der Deutschen Nationalbibliografie; detaillierte bibliografische
Daten sind im Internet über http://dnb.d-nb.de abrufbar.

Informationen zu unserem gesamten Programm, unseren Autoren
und zum Verlag finden Sie unter: www.carl-auer.de.

Wenn Sie Interesse an unseren monatlichen Nachrichten
aus der Vangerowstraße haben, können sie unter
http://www.carl-auer.de/newsletter den Newsletter abonnieren.

Carl-Auer Verlag GmbH
Vangerowstraße 14
69115 Heidelberg
Tel. 06221-64380
Fax 06221-643822
info@carl-auer.de

CARL-AUER

Spickzettel für Lehrer – systemisch Schule machen

»Hast du einen Spickzettel?« Diese Frage kennen wir noch aus der Schulzeit, aus der Schülerperspektive, wenn es darum ging, sich auf Prüfungen und Klassenarbeiten vorzubereiten. Wechseln wir die Rolle und Perspektive und stellen uns auf die andere Seite des Klassenzimmers, auf der die »Wissenden«, d. h. die Lehrer, stehen. Schnell wird deutlich: Bei aller Erfahrung gibt es doch erhebliche »Wissenslücken« im Umgang mit schwierigen Situationen, ob sie nun das Lernen selbst, die Schule als Organisation oder die Beziehungen und das Verhalten der Beteiligten betreffen.

Systemisch orientierte Pädagogen können sich hier ruhig und entspannt zurücklehnen, wohl wissend, dass sie selbst »Fragende« sind – Fragende bezüglich passender

Antworten auf die sich stets wandelnden und neu entstehenden Konfliktfelder in der Organisation Schule, zwischen Schülern und Lehrern, zwischen Schule und Eltern und auch mit dem politischen Umfeld von Schule.

Aus systemischer Sicht sind Schwierigkeiten immer mit Lernchancen verbunden. Wo der Blick vom Problem auf die Lösung wechselt, wo man statt hinderlichen Defiziten hilfreiche Ressourcen ins Auge fasst, kommt auch die Haltung in Bewegung. Ein gut platzierter Unterschied zieht dann oft viele positive Änderungen nach sich.

Die Bücher dieser Reihe wollen Einladungen sein, sich auf diese andere Sichtweise einzulassen. Sie sollen Lehrern, Erziehern und Schulleitern Methoden und Strategien zum täglichen Handeln anbieten, die Ihnen die Arbeit – und im besten Fall: das Leben – leichter machen. Sie sind auch Rezepte, die man ausprobieren und mit eigenen Zutaten verfeinern kann.

Wir wünschen Ihnen viel Spaß beim Lesen, Erfahren und Ausprobieren!

Die Herausgeber
Christa Hubrig & Peter Herrmann

1 Inhalt

1	Systemische Handschrift.	9
2	Unser Ariadnefaden	19
3	Eine exemplarische Aggressionsszene	20
4	Knotenpunkt 1: Präsenz	21
4.1	Emotionale Erkennbarkeit	21
4.2	Spiegeln	29
5	Knotenpunkt 2: Führung	34
5.1	Das autopoietische Dilemma	34
5.2	Systemisch = antiautoritär?	39
5.3	Rumpelstilzchens Geheimnis	48
6	Knotenpunkt 3: Lob	52
6.1	Wir sind Ex-Schüler	55
6.2	Schlüsselwort und Verschlusswort	57
7	Knotenpunkt 4: Ärger okay	67
7.1	Kain klärt auf	68
7.2	Vom Signalcharakter der Emotionen	74
8	Knotenpunkt 5: Lösung	80
8.1	Kein Warum!	80
8.2	Lösungsfragen	87
9	Knotenpunkt 6: Kontext	91
10	Schlusswort	102

Inhalt

Dank 104
Literatur 105
Über den Autor 107

1 Systemische Handschrift

Im Titel dieser Reihe »Spickzettel für Lehrer« liegt eine provokative Spannung. Er vereint, so scheint es, Unverträgliches. Lehrer verbieten Spickzettel. Jeder Schüler, der während einer Klausur, Prüfung oder Kurzarbeit unerlaubte Blicke auf einen Spickzettel wirft, muss höllisch aufpassen. Wird er ertappt, drohen das sofortige Ende des Tests und eine schlechte Zensur.

Mit diesem Büchlein erwerben Sie, was Sie üblicherweise ahnden müssen. Diese Spannung nehmen Sie angesichts unseres hoffnungsvollen Titels buchstäblich in Kauf. Dafür haben Sie gute Gründe! Offenbar wollen Sie Ihr Wissen über die Bedingungen gegenseitigen Respekts ergänzen bzw. aktivieren. Bedingungen? Ja, Respekt gibt es nicht bedingungslos! Schüler und Lehrer respektieren einander, wenn sie darauf achtgeben, was sie zueinander sagen. Gegenseitige Achtung, so erleben wir immer wieder, ist nicht nur das Resultat spontaner Impulse. Wer im Austausch mit Schülern oder Kollegen einfach drauflosspricht und nicht überlegt, wie sein Sprechen landet, macht Tritte ins Fettnäpfchen wahrscheinlich. Diese Tritte können vermieden werden. Wir werden auf unserem

Systemische Handschrift

Spickzettel, so knapp es geht, systemisches Gedankengut zur Kenntnis nehmen und daraus Ideen über trittfreie Kommunikation ableiten. Die Umsetzung dieser Ideen kann erwirken, dass Sie sich nachhaltig erfolgreich gegen Beleidigungen zur Wehr setzen und Ihre Beziehung zu den Schülern positiv verbindlich gestalten.

Dieser *Spickzettel* ist von unerschütterlichem Optimismus durchsetzt. Er glaubt an die Möglichkeit, dass Sie das Schöne Ihres Berufes genießen oder (wieder) entdecken. Sie pflegen persönliche Nähe zu jungen Menschen, die Ihnen dankbar sind und sich später gern an Sie erinnern. Freude bereitet Ihnen der Stolz Ihrer Schüler, da Sie an deren Leistungen und Entwicklungsfortschritten aktiv lehrend beteiligt sind.

Ein Traum? Ich höre Ihren Protest: Sie müssen sich gewiss auch mit Schülern plagen, die sich regelwidrig verhalten, die Ihren Unterricht boykottieren, die aggressiv erscheinen und Sie über Ihren didaktischen Auftrag hinaus negativ emotional in Anspruch nehmen. Sie werden Eltern kennen, die Sie für den schulischen Misserfolg ihrer Kinder verantwortlich machen. Und vielleicht begegnen Ihnen auch Kollegen, von deren Solidarität Sie nicht überzeugt sein können. Mit vielem, mit allzu vielem sind Sie in enger Verbindung, was Ihnen gegen den Strich gehen mag.

Woher dann dieser unerschütterliche Optimismus?

Dieser Optimismus ist das Ergebnis lebendiger Erfahrungsinhalte. Kollegen aus Ihrem Berufsfeld, mit denen ich in stetem Austausch bin, haben Kommunikationsakte systemisch vollführt und dabei erlebt, dass verbale wie tätliche Aggressionen aufhören und friedlich respektvollem Miteinander weichen.

Unser *Spickzettel* ist so angelegt, dass er das Wichtigste knapp enthält. Er will nicht ausführliche Erörterungen parat halten. Und doch soll in seiner Kürze eine Würze liegen, die nicht Verkürzung heißt. Unser Utensil ist vergleichbar mit einem Vademecum. So bezeichnen Mediziner gern Ihr Kitteltaschenbuch, das im Berufsalltag kurz und bündig rasche Orientierung bietet. Kompakt aufbereitet und immer griffbereit, informiert es über Störungsbilder und Medikationsmöglichkeiten. Der Begriff Vademecum zieht zwei lateinische Wörter zusammen: *vade* = geh und *mecum* = mit mir. Dieses »Geh-mit-mir« benennt die Funktion: Sei in meiner Nähe und hilf mir geschwind, wenn die Arbeit stressig wird, wenn zum langen Überlegen keine Zeit ist!

In der griechischen Mythologie ist ein Vademecum überliefert, das wir in unserer Alltagssprache oft anklingen lassen. Wenn wir entmutigt zugeben: »Jetzt hab ich den Faden verloren«, lässt eine Prinzessin aus Kreta namens Ariadne grüßen. Die alten Griechen erzählten, sie habe sich in den Helden Theseus verliebt. Der sollte in einem riesigen Labyrinth das bedrohliche Ungeheuer Minotaurus endgültig unschädlich machen. Die umsichtige Ariadne überließ ihm – voll Sehnsucht nach seiner unversehrten Rückkehr – vor Aufbruch in die Irrgänge eine Rolle Garn, damit er wieder sicher herausfände. Seither darf man alles, was aus einer verworrenen Lage heraushilft, »Ariadnefaden« nennen.

Unser *Spickzettel*, den sie gerade in der Hand halten, will ein »Ariadnefaden« sein und Ihnen die alltäglichen Begegnungen mit Kindern und Jugendlichen erleichtern. In diesen Faden knüpfen wir sechs Knoten, an denen wir Stichpunkte befestigen. Diese Stichpunkte sind Konzentrate aus der Erfahrungswelt Ihrer Kollegen, die systemisches Know-how praktisch umsetzen konnten.

Sie überschreiben Ideen bzw. Regeln, deren Einhaltung respektvolle Kommunikation systemisch gelingen lässt. Und jetzt ganz wichtig: *Diese Stichpunkte belehren Sie nicht!* Sie erinnern Sie lediglich an das, was Sie können, an Ihre Kompetenzen, an die Kompetenzen der Schüler und an die Kompetenzen Ihrer Kollegen. Sie sind Pädagoge geworden, weil Sie sich für pädagogisch fähig hielten. Und bestimmt bleiben Sie Pädagoge, wenn Sie von Ihrer fachlichen Eignung weiterhin überzeugt sind. Die Stichpunkte unseres Ariadnefadens – nennen wir sie einfach Knotenpunkte – vergegenwärtigen Ihnen Ihre Eignung und zeigen, wie Sie sie konkret ins Werk setzen könnten. Im Verkehrswesen nennt man Orte, an denen sich mehrere Straßen kreuzen, Knotenpunkte. Hier auf unserem *Spickzettel* kreuzen sich wichtige Gedankenwege, die wir in den folgenden Kapiteln »abfahren« wollen. Die wichtigsten Gedankenwege werden Ihre eigenen sein. Denn auf diesen Seiten lesen Sie nur ein exemplarisch genutztes Alltagsereignis, das bestenfalls dem ähnelt, was Sie selbst tagtäglich erleben. Mit unseren Knotenpunkten mögen Sie Ihre eigenen Erfahrungen abgleichen. Vielleicht schauen Sie dann immer wieder mal in diesen *Spickzettel* hinein, um im zuweilen chaotischen Wirrwarr des Berufslebens Stütze zu finden.

Kurz zur theoretischen Heimat dieses Spickzettels. Der Begriff »systemisch« ist im pädagogischen Betreuungsmilieu relativ neu. Die Psychologie, die angehende Lehrkräfte an der Uni aufnehmen, um sich für ihren Berufsalltag zu wappnen, ist zumeist der Lerntheorie entlehnt. »Operantes Konditionieren«, »positive Verstärkung«, »Bestrafung«, »negative Verstärkung«, mit diesen Vokabeln sind Pädagogen unterschiedlicher Zuständigkeit bestens vertraut. Und das ist gut so. Denn wir müssen überlegen, welche Erziehungshandlung mit welchem Erfolg das Verhalten unserer Kinder moderiert. Wie wird Verhalten wahrscheinlicher? Auf diese Frage antwortet die Lerntheorie sehr schlüssig. Wer weiß, wie er am günstigsten »positiv verstärkt« und »operante Konditionierungsprozesse« in Gang bringt, kann seine Pädagogik methodisch reflektieren und abklären.

Der Verfasser dieses *Spickzettels* neigt im Alltag gerne lerntheoretischen Positionen zu. Bereitwillig verstärkt er positiv und lässt sich – vor allem von Kindern – positiv verstärken. Im Verlauf von mittlerweile über 20 Jahren psychologischer Betreuungsarbeit mit verhaltensauffälligen Mädchen und Jungs erlebt er Folgendes: Die lerntheoretische Analyse der Konditionierungsakte ist hilfreich. Um mit Kinder und ihren Eltern in fruchtbaren Austausch zu kommen, brauchen wir jedoch eine Sicht, die in diesem Austausch mehr erfasst als nur interaktiv wirksames Verstärkermanagement. Und was beinhaltet dieses Mehr? Darüber hat mich vor allem unsere junge Klientel informiert. Von Kindern weiß ich, worin systemisches Arbeiten besteht (Hergenhan 2010 und 2011).

»Was ist eigentlich systemisch? Können Sie das mal ganz einfach erklären?«

Diese Frage wird mir oft in Fortbildungsveranstaltungen gestellt. Sie hat ihr gutes Recht! Was sich nur kompliziert und oft fachmännisch exklusiv als methodische Besonderheit anpreist, ist selten praktisch brauchbar. Kein Pädagoge muss sich durch das Fremdwörtergestrüpp der Systemtheorie von Niklas Luhmann quälen, wenn er begreifen will, worin systemisches Denken und systemisches Handeln bestehen! Zudem verträgt kein Spickzettel lange theoretische Abhandlungen. Darum hier der Versuch, diese Frage nicht zu erörtern, sondern knapp zu beantworten.

Systemische Handschrift

Systemiker interessieren sich vor allem für das, was sich zwischen Menschen ereignet, und dafür, was drum herum geschieht. Beziehung und Kontext, so könnte man die zentralen Schwerpunkte systemischer Reflexionen und systemischer Praxis benennen.

Nur Konkretes will dies verdeutlichen: Daniel liefert uns einen Text. Er erzählt, dass er auf Monika »einen Hass« hat. Wenn wir systemisch handeln, lassen wir Monika kontexten. Auch die »Gehasste« muss zu Wort kommen. Und nicht nur sie. Möglichst viele Kontexter werden wir aus jener Gruppe rekrutieren, denen dieser »Hass« irgendwie bekannt ist. Daniel erklärt dann, was genau seine Empfindung enthält. Er ist seit kurzem Träger einer Sehhilfe. Monika hat behauptet, Daniel sei eine Brillenschlange. Die systemisch aktive Lehrkraft wird die Schülerin keinesfalls »unter vier Augen« sprechen und ihr verklickern, dass sie zu dieser Verbalattacke kein Recht hat. Im sozialen Feld dieses Ereignisses nehmen Daniel, Monika und die anderen dazu Stellung und interpretieren, was diese Aussage zwischen den beiden und in der ganzen Gruppe stimmungsklimatisch anrichtet. Text und Kontext interagieren, verschmelzen sogar. Denn alle Kinder erörtern die emotionalen Folgen einer Beleidigung dieses Gewichts. Das »Mehr« der Stimmen, die kontextuelle Fülle also, macht den »Hass« relational, beziehungsthematisch identifizierbar und diskutabel. Kontext und Beziehung werden hoch aktuell und in den Dienst der Hassbewältigung gestellt.

Systemiker wollen wissen, was neben und zwischen Menschen abgeht, was genau sie trennt und verbindet. In einer Fachdiskussion meinte ein Teilnehmer mal wörtlich: »Mann, diese Systemiker sind ja total beziehungsfixiert!«. Ja, das sind sie. Sie denken in Beziehungskategorien. Zuneigung, Friede, Hass und Aggressionsbereitschaft sind Beziehungswirklichkeiten und als solche fassbar.

Unser *Spickzettel* hat also systemische Qualität und will sichern, dass wir den Faden, den Ariadnefaden, nicht verlieren. Mit dieser Richtschnur in der Hand müssen wir die Wege aus dem Labyrinth unseres Berufsalltags nicht ständig theoretisch reflektieren. Wir verlassen uns ganz einfach darauf, dass dieser Faden Orientierungshilfe ermöglicht. Ich wiederhole: Unser Faden hat sechs Knoten, an denen unser Spickzettel-Thema sozusagen angebunden ist. Diese Knotenpunkte bündeln, wie schon ver-

Systemische Handschrift

merkt, was Ihre Kollegen erprobt haben. Sie sind zudem Extrakte aus den sechs systemisch heilpädagogischen Basalkriterien, die verhaltensauffällige Kinder als Betreuungsprogramm akzeptieren (Hergenhan 2010). Die Übertragbarkeit dieser Kriterien auf den Unterrichtsbereich mögen auch Sie erwägen und gewiss kritisch prüfen. Ich bin mit Lehrkräften aus unterschiedlichen Schulen in häufigem Austausch und stelle hier dar, was meine Gesprächspartner aus Ihrem Metier erfolgreich verwirklichen.

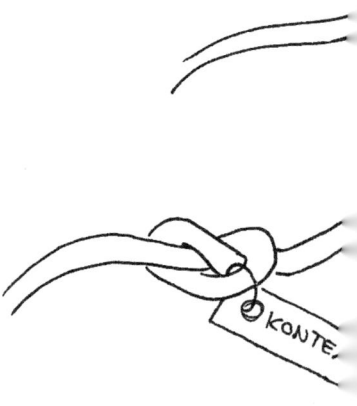

2 Unser Ariadnefaden

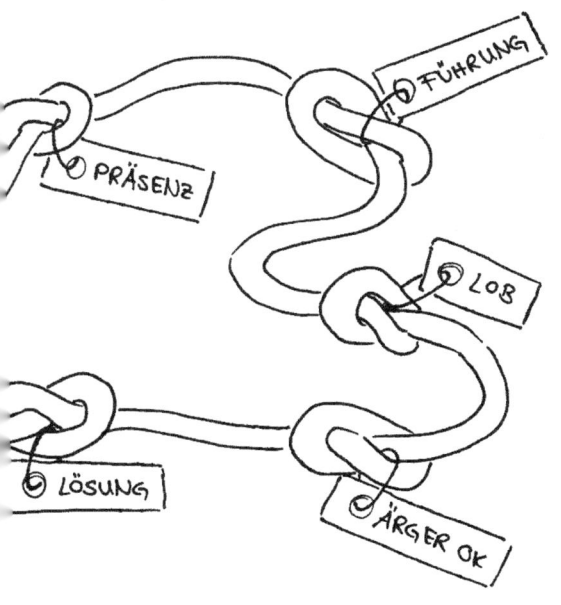

3 Eine exemplarische Aggressionsszene

Die Lehrkraft, Frau Meier, verteilt ein Matheblatt zur Bearbeitung an alle Schüler ihrer Klasse. Wolfgang verweigert sich und denkt offenbar nicht daran, ihrer Aufforderung nachzukommen. Frau Meier hört den Satz:

WOLFGANG: Machen Sie doch Ihren Scheiß selber, Sie blöde Kuh!

Diese kurze Aggressionsepisode ist von repräsentativer Qualität. Sie ereignet sich inhaltlich variiert tagaus, tagein in schulischen Arbeitskontexten. Auf sie wird unser *Spickzettel* immer wieder Bezug nehmen. Und Sie werden mit diesem exemplarischen Abriss zu Transfer-Ideen eingeladen. Was Sie auf den folgenden Seiten lesen, können Sie formal wie inhaltlich modifizieren, dem Alter Ihrer Schüler und den je akuten Alltagsnotwendigkeiten anpassen. Sie bestimmen, was Sie sagen und wie Sie handeln. Dieser *Spickzettel* will nur systemisch diskutable Berufserfahrungen wiedergeben. Ihre ohnehin wertvolle Sicht könnte daraus eine Auswahl treffen und sich damit vervollständigen.

4 Knotenpunkt 1: Präsenz

Präsenz heißt, Sie sind gegenwärtig.

»Das bin ich!«, werden Sie sagen und mir vielleicht zusichern, dass sich dieses Stichwort auf unserem *Spickzettel* erübrigt. Ihre Gegenwart ist ein Faktum und muss nicht eigens eingefordert werden. Sie werden dafür bezahlt, dass Sie da sind. Unter Präsenz ist zunächst tatsächlich Ihre physische Anwesenheit zu verstehen. Insofern ist Ihr Einwand berechtigt.

4.1 Emotionale Erkennbarkeit

Präsenz in systemischem Sinn meint allerdings mehr. Sie will, dass Sie »voll und ganz« da sind. Und dieses »voll und ganz« bezieht sich vor allem auf Ihre Gefühle. Ich weiß aus meiner Arbeitspraxis, dass Psychologen und Pädagogen, die sich um emotionale Unberührbarkeit bemühen, einen ganz schweren Stand haben. Sie werden von Kindern nicht ernst genommen. Nichtsdestoweniger treffe ich immer wieder auf den unbeugsamen Generalverdacht gegen Emotionen. Wer Gefühle zeigt, zeige auch Schwäche, so die gängige Vorstellung. Und weiter: Wer Gefühle zulässt, mache Fehler. Der Begriff »emotional«

Knotenpunkt 1: Präsenz

gilt oft als Gegenteil von »sachlich«. Wenn in TV-Talk-Runden ein Teilnehmer in Hitze gerät und Gefühle der Wut oder des Ärgers erkennen lässt, darf er sicher sein, dass ihn der Appell erreicht, sich »weniger emotional« zu gebärden. Damit ist dann gemeint, er solle »vernünftiger« argumentieren.

In dem amerikanischen, verheißungsvoll aufgemachten Ratgeber *Die sieben Geheimnisse guter Lehrer* ist folgendes »Geheimnis« gelüftet: »Wenn Sie normalerweise bei Wut oder Verärgerung lauter sprechen, dann tun Sie nun das Gegenteil. Sprechen Sie leiser, wenn auch mit ernster Stimme …«, und dann liest man in Gedichtform die Merk-These: »Wenn dich Schüler drangsalieren: Cool und überlegt agieren, das entschärft die Situation und verbirgt die Frustration« (Breaux u. Whitaker 2011, S. 127). Beide Autoren, so weisen sie sich aus, sind in der Lehrerausbildung didaktisch tätig und verfügen über jahrelange Praxiserfahrung im Schuldienst (Louisiana, Missouri). Ich frage mich allen Ernstes, wen diese Autoren unterrichtet haben! Vor Schülern Frustration verbergen durch Selbstentstellung? Ich kenne keinen Schüler, der unaufrichtige Tücken dieses Kalküls nicht sofort durchschauen würde. Völliger Autoritätsverlust wäre die klägliche Folge, denn die Schüler wüssten: Der Typ da vorne traut sich nicht, er selbst zu sein. Darum verschwindet er in eine Souveränitätsrolle, die nicht die Seine ist. Das Ich des Lehrers wäre nicht mehr präsent. Unser *Spickzettel* ist von der festen Überzeugung durchzogen, dass unsere jungen Azubis nicht blöd sind und ganz genau erken-

Knotenpunkt 1: Präsenz

nen, ob ein Lehrer »nur so tut«. Buddha-Statuen, deren Gesetztheit lebendige Gefühle unter Verschluss halten, haben unseren Kindern nichts Verbindliches zu sagen. Im Unterricht und im gesamten Betreuungsmilieu der Kinder- und Jugendhilfe gelten sie als langweilig, als nicht »cool«, als identitätslos.

Dagegen sprechen Kinder stets in respektvoller Weise über Lehrkräfte, die mal »auf den Putz hauen«, die auch mal »austicken«. »Bei dem weiß man, woran man ist!«, so ein immer wieder formuliertes Diktum. Schüler mögen Lehrer, die zeigen, dass sie sich freuen. Lehrer, die lauthals lachen, wirken sympathisch. Und wenn sie obendrein auch in Wut geraten können und ihr Ärger laut wird, erhält sich ihr Sympathiewert nicht nur, er vertieft sich sogar.

»Soll das eine Einladung sein, loszubrüllen und auf Kinder Kanonen pädagogischer Unbeherrschtheit zu richten?«, so entgegnete mir mal eine pensionierte Lehrerin, und sie setzte nach: »Ich könnte ein Buch darüber schreiben, wie wir früher unter den Aggressionen der Terror-Pauker litten!« Dieser Einwand hat gesessen, denn in der Tat: Ich plädiere für emotionale Erkennbarkeit und betone, dass Emotionen aufseiten der Pädagogen im Austausch mit Kindern elementare Wirkgrößen sind. Lehrer, die früher Kinder schlugen, waren zweifelsohne emotional erkennbar. Die konstruktive Rückmeldung Ihrer Kollegin nötigt mich zur Ergänzung: Emotionale Erkennbarkeit darf nie Angst machen und nie Kinder entwürdigen. Unser Knotenpunkt *Präsenz* ist hier thematisch fest geknüpft. Nur ohne Angstinduktion und nur ohne persönliche Beschimpfung zeigen Sie Ihren Ärger – so authentisch wie nur möglich! Ihre Lautstärke werden Sie so dosieren, wie es Ihnen der Austausch mit den Kindern anrät. Die Mädchen und Jungs sind Ihre Evaluatoren! Schüler reagieren auf Sie und Ihren Ärger und geben Ihnen damit ein wertendes Feedback. Verantwortbar sind Ihre Emotionssignale nach meiner Auffassung so lange, wie das Schüler-Feedback Gesprächsbereitschaft enthält. Ihre Gefühle dürfen raus, die Kinder wollen das, seien Sie sich da ganz sicher! Und wenn Sie keine Angst schüren, kann es passen. Sie merken das u. a. daran, dass Ihre jungen Mitstreiter mit Ihnen in Dialog bleiben. Der stete Austausch mit Kollegen, Freunden, fundierte Fortbildungen und unser Fachwissen legen uns das rechte Quantum

Knotenpunkt 1: Präsenz

nahe. Und auch die Kinder geben uns ein Maßband in die Hand, an dem wir uns orientieren. Rigide Empfehlungen wären hier deplatziert. Nochmals: Gefühle, unbedingt! Über die je aktuelle Intensität entscheidet Ihre angstfreie Interaktion mit den Schülern.

Nicht nur die Kinder wollen Sie als »gefühlsfähig« erleben. Auch Sie selbst wollen das, so unterstelle ich gerne. Sie selbst tun sich einen Gefallen, wenn Sie Emotionen nicht versperren und nicht unter Druck halten. Hubrig (2010) referiert die Ergebnisse aktueller Forschungsstudien über die gesundheitlichen Risiken des Lehrerberufes und über psychosomatisch auffällige Familien. Gesundheitsschädlich sind demnach Kommunikationsstile, in denen »negative Emotionen nicht gezeigt« und »aktiv unterdrückt werden«. Dagegen gehöre zum Gesundheitsmuster, dass »offensive Problembewältigung« praktiziert werde: »Wenn ich mir als Lehrer bei destruktivem Schülerverhalten nicht erlaube, meinen Standpunkt nachdrücklich zu vertreten, werde ich in eine schwierige Position geraten. ›Nicht erlauben‹ bedeutet, der Einzelne hat vermutlich den Glaubenssatz, dass man immer ruhig, überlegen und freundlich sein müsse, dass man auf keinen Fall ›ausrasten‹ dürfe« (Hubrig 2010, S. 139, S. 141, S. 143).

Sich selbst also, Ihrer eigenen psychischen Stabilität arbeiten Sie zu, wenn Sie Ihre Gefühle authentisch in Ihren Arbeitsalltag einflechten. Erst dann, so auch meine Erfahrung, werden wir nach Dienstschluss Distanz schaffen und unsere Freizeit unbeschwert genießen können. Unbearbeitete, verriegelte Emotionen melden sich oft kontextuell unpassend und sind zumeist ungebetene »Seelen-Gäste«, wenn wir uns mit Partnern oder Freunden entspannen wollen.

Noch ein oft erhobener Einwand gegen emotionale Beteiligung in der Kommunikation mit den Schülern erscheint mir an dieser Stelle diskutabel. In einem heilpädagogisch konzipierten Heim hielt mir ein Erzieher entgegen, diese emotionale Reaktionsbereitschaft sei gefährlich. Sie verstärke nämlich die kindlichen Aggressionen. Das aggressiv auffällige Kind wolle ja, dass der Pädagoge austicke, und wenn der dann wunschgemäß die Fassung verliert, reibe es sich die Hände. Die künftige Häufung der Attacken sei wahrscheinlich. Verstärktes wird wiederholt.

Knotenpunkt 1: Präsenz

Der Kollege hatte Recht! Verstärktes kommt wieder. Auch an dieser Stelle also eine notwendige Ergänzung: Emotionale Erkennbarkeit heißt nicht »die Fassung verlieren«! Wer in seiner Wut mal auf den Tisch haut, gibt damit das Heft nicht aus der Hand. Gefühle sind keine Nachweise für Schwäche, sondern wichtige, interaktional wirksame Informationsträger, unverzichtbare Systemteilnehmer. Wir werden darauf beim Knotenpunkt 4, *Ärger o. k.,* genauer eingehen. Wenn das aggressiv auffällige Kind will, dass der Lehrer auf dieser Gefühlsebene erlebbar wird, dann will es das eben! Mit seiner emotionalen Reaktion verstärkt der Erwachsene nach meiner Berufserfahrung genau diesen Wunsch. Auch künftig wird der Schüler demnach wollen können, dass der Pädagoge »limbisch«, also nicht nur rational abgeklärt, kontaktierbar ist. Dieser Wunsch wird wiederholt, kommt – verstärkt – wieder. Und das soll er nur! Wenn Sie mit Ihren Schülern in verbindlich persönlichem Stil kommunizieren, werden Sie kein Digitalwesen abgeben, sondern menschlich ganz wahr- und damit ernst genommen! Aber, so werden Sie einwenden, damit ist der Verdacht, dass das aggressive Verhalten verstärkt wird, nicht vom Tisch! Richtig! Darum machen Sie selbst folgende Erfahrung: Ihre Stimme verändert sich, vielleicht wird sie lauter, Sie schauen streng, Sie gestikulieren heftig, Sie kommen in Bewegung und bestätigen damit die einschlägige Erwartung der Schüler: Unser Lehrer ist emotional erkennbar. Zugleich verstärken Sie die Aggression nicht! Wie das? Sie verstärken und lassen von anderen Kindern mitverstärken, was weitaus höheren Wert und damit Anreiz hat: Wir reden miteinander, respektieren uns, und genau diese Qualitäten lassen Sie mit Ihren Schülern zusammen »cool« sein (siehe Knotenpunkt 6).

4.2 Spiegeln

Von Paul Watzlawick wissen wir, dass unsere Präsenz immer Wirkung hat, egal wie! Wenn wir also den Versuch unternehmen, auf Aggressionen nicht zu reagieren, scheitern wir. Der Versuch, nicht zu reagieren, ist selbst eine Reaktion. »Man kann sich nicht *nicht* verhalten«, betont Watzlawick, geradeso wie man »nicht *nicht* kommunizieren kann« (Watzlawick et al. 2007, S. 51).

Wenn es so steht, können wir getrost resignieren. Getrost! Denn in der Gewissheit, dass uns Nichtreagieren

Knotenpunkt 1: Präsenz

nie gelingen wird, werden wir uns erst gar nicht um verlogene Unberührbarkeit bemühen. Aktiv und bewusst wählen wir unsere Reaktionsform. Wir spiegeln. Im Spiegeln signalisieren wir dem Schüler, was wir an uns und an ihm wahrnehmen. Das klingt so banal, dass Ihnen meine Zusicherung kaum glaubhaft erscheinen wird: Das Spiegeln kann die Kommunikation auch mit aggressiv auffälligen Schülern in fruchtbaren Gang bringen. Gehen wir gleich in die Konkretion. Unsere erste Szene (s. o.) schildert verbale Aggression gegen die Lehrkraft. Die Aufforderung, ein Matheblatt zu bearbeiten, wird mit der Entgegnung quittiert:

> WOLFGANG: Machen Sie doch Ihren Scheiß selber, Sie blöde Kuh!

Wolfgangs Verbalinjurie bringt Frau Meier in Ärger und Wut. Sie signalisiert ihm diese Empfindungen. Zudem verspürt sie die Neigung, ihre Signale laut vernehmlich zu senden.

> FRAU MEIER: Mir stinkt das ganz gewaltig, dass du mir einen Schimpfnamen gibst, Wolfgang!

> WOLFGANG: Ich hab eben keine Lust auf dieses Scheiß-Mathe!

FRAU MEIER: Dieses Matheblatt wird Arbeit machen, das stimmt, dazu hast du keine Lust, das macht dich wütend. Und ich hab keine Lust, mich von dir beleidigen zu lassen, Wolfgang!

An dieser kurzen Dialogfolge können wir genau erfassen, worin systemisch aktive Präsenz besteht: wahrnehmen und mitteilen. Frau Meier meldet zurück, wie sie sich und Wolfgang erlebt. Sie referiert ihre Selbst-Wahrnehmung (Ärger) und das, was sie an Wolfgang registriert (Arbeitsverweigerung). Notabene: Ausdrücklich erwähnt die Lehrerin auch, was sie von Wolfgangs Motivlage gehört hat. Damit ist für den Schüler sicher, dass die Präsenz Frau Meiers auch ihm gilt. Voll gegenwärtig ist die Lehrerin. Voll! Sie ist auch bei dem, der sie gerade beleidigt hat.

Mit dieser Spiegelung erfährt der Schüler, dass nicht ignoriert wird, was in ihm vorgeht. Außerdem erlebt er kommunikative Wirksamkeit. Ein Gegenüber nimmt sein Verhalten und seine Aussage genau zur Kenntnis und teilt ihm dies mit. »Zur Kenntnis genommen werden« kann heißen: Ich bin der Wahrnehmung durch einen anderen wert. Bereits dieser kurze Akt des Spiegelns ist ein beziehungsaktiver Präsenznachweis. Er vermittelt ohne Zwei-

Knotenpunkt 1: Präsenz

fel, dass nicht egal ist, was Wolfgang sagt. Und wenn seine Worte nicht egal sind, darf er über sich gewiss sein: Ich bin selbst nicht egal. Das ist die Schlussfolgerung, die ein Kind zieht, wenn seine Äußerungen via Spiegeln beachtet werden. Kinder, jeder Mensch, also auch Erwachsene, sind zeitlebens gelenkt von dem dringenden Wunsch, gesehen zu werden. »Schau mich an, hör mich, lass mich für dich wichtig sein!« Diesen Imperativ adressieren wir alle an Mitmenschen unserer unmittelbaren Nähe. In dem Maß, wie wir diesen Imperativ erfolgreich aussenden, werden wir mit uns selbst d'accord.

Psychotherapie ist von ihrem Wesen her ein Spiegelereignis. Die Wiederherstellung der Selbstachtung eines Menschen geschieht vor allem durch die Erfahrung, dass ihn eine wohlwollende Person im Schutzraum vorbehaltlosen Vertrauens genau wahrzunehmen versucht. Der Begründer der Gesprächspsychotherapie Carl R. Rogers meint: Wenn der Berater dem Klienten »etwas von seinem Verstehen mitteilt, dann tut er alles, was er kann, um dem Klienten die Erfahrung zu vermitteln, dass er tief respektiert wird« (Rogers 1983, S. 55).

Lehrer sind keine Psychotherapeuten und wollen vermutlich keine sein. Sie wollen aber mit Sicherheit von Schülern respektiert werden. Nach meiner Berufserfahrung gewinnen wir den Respekt von Kindern und Jugendlichen dadurch, dass wir sie respektieren. Wir werden darauf am Knotenpunkt 2 genauer eingehen. Von Rogers erfahren wir, was wir machen können, um einem anderen Menschen überzeugend Respekt zu erweisen. Und das greifen wir jetzt einfach auf. Respektiert fühlt sich ein Schüler demnach, wenn der Lehrer ihm, Rogers folgend, »etwas von seinem Verstehen mitteilt«. Er nimmt in den Dialog hinein, was er im bzw. am Schüler beobachtet und erlebt. Genau das tut Frau Meier in unserer oben zitierten emotional aufgeladenen Gesprächsszene. Das Matheblatt macht Arbeit, und Wolfgang hat dazu keine Lust. Das versteht die Lehrerin, und eben das lässt sie ihren Schüler wissen. In diesem Moment weiß Wolfgang, dass er ernst genommen wird und sich sein verbal aggressiver Kampf um Beachtung erübrigen könnte.

Zusammenfassung 1:
Unsere Gefühle sind wichtig. Was in uns und in anderen passiert, nehmen wir wahr. Und was wir wahrnehmen, teilen wir mit!

5 Knotenpunkt 2: Führung

Der tägliche Kontakt mit Kindern oder Jugendlichen, die aggressiv auffallen, diktiert uns die Gewissheit: Heranwachsende müssen geführt werden. Eltern, Lehrkräfte, Erzieher, (Sozial-)Pädagogen, alle, die sich an der Erziehung beteiligen, kommen in Führungsrollen. Darin nehmen sie Verantwortung wahr und reagieren auf die Orientierungswünsche der Kinder resp. Jugendlichen. Menschen, die miteinander leben und auskommen wollen, dürfen nicht alles machen, was ihnen gerade einfällt. Dieses einfache Faktum ist Schülern nahezubringen. Es gibt soziale Verhaltensregeln, an die wir uns halten können und die uns helfen, Konflikte zu vermeiden bzw. zu lösen. Pädagogen werden Kinder über soziale Verhaltensregeln informieren. Diese wissen dann, welches Verhalten akzeptabel ist und welche Handlungen den entschlossenen Protest der unmittelbaren Umwelt provozieren.

5.1 Das autopoietische Dilemma

Im Schulmilieu könnte sich aus dem Führungsanspruch Erwachsener folgende Schlussfolgerung ableiten: Der Lehrer sagt, was gemacht wird, und die Schüler tun es

Das autopoietische Dilemma

Zwischen den Anweisungen der Lehrer und den Reaktionen der Schüler besteht demnach ein ursächliches Wirkverhältnis. Wenn die Schüler den Aufforderungen des Lehrers nicht nachkommen, hat er von seiner Kausalmacht zu wenig Gebrauch machen können. Er führt zu wenig, so der geläufige Befund. Der Lehrer erlebt sich als Verursacher oder Zu-wenig-Verursacher.

Systemiker denken da ganz anders und meinen, dass ein lineares Verursacherverhältnis zwischen Lehrer und Schüler gar nicht möglich sei. Wenn Kinder etwas machen, dann nur, weil sie es wollen. Kein Erwachsener könne sie direkt beeinflussen. Die zu Erziehenden bleiben prinzipiell autonom.

Ich habe mir die Augen gerieben, als ich mich durch das zuweilen dornenreiche Dickicht systemischer Fachliteratur quälte und auf diesen Standpunkt traf. Ein ungelenkes Fremdwort gab mir den Rest: Menschen seien »autopoietische« Systeme oder in »autopoietische« Systeme eingeflochten. – Ich verstünde Sie gut, würden Sie diesen *Spickzettel* jetzt einfach weglegen. Es lohnt sich aber zu schauen, was Systemiker damit meinen. Wenn wir unseren Titel *Keine Beleidigungen mehr* bearbeiten

Knotenpunkt 2: Führung

wollen, brauchen wir dieses Fremdwort sogar. »Keine mehr« meint, dass Kinder offenbar Korrekturen zulassen. Eklatant der Widerspruch: Wenn direkte Beeinflussung ausgeschlossen ist, wie soll dann überhaupt ein Kind auf Kommunikation hin veränderungsbereit werden und »nicht mehr« beleidigen? Widerspruch auch aus der erfreulichen Erziehungspraxis: Wenn wir ein Kind loben, strahlt es. Da erleben wir das Eine (Lob) als Ursache des Anderen (Freude)! Zugleich sollen wir systemisch meinen, dieser Zusammenhang bestehe so linear nicht, wie wir ihn wahrnehmen? Systemischer Nonsens?

Zunächst zu diesem Begriff »autopoietisch«: Das Wort »autopoietisch« setzt sich zusammen aus den griechischen Vokabeln *autos* = selbst und *poiein* = machen, tun, schaffen. Wenn man einen Schüler für ein autopoietisches System hält, dann meint man, dass seine Gedanken, Gefühle und Handlungen zusammenspielen und prinzipiell innengesteuert sind. »Der Junge lässt sich nichts sagen«, oder »Man spricht gegen die Wand«, oder »Ich erreiche meine Tochter nicht«; all diese Aussagen enthalten die Erfahrung, dass in Kindern »Autopoiese« waltet. »Dickköpfigkeit«, so könnte man dieses Wort vielleicht alltags-

Das autopoietische Dilemma

sprachlich übersetzen. In Erziehungsberatungsstellen beklagen sich Mütter oft über den »furchtbaren Eigensinn« ihrer Töchter oder Söhne. Ähnlich eine Ihrer Kolleginnen in der Individualsupervision: »Ich kann machen, was ich will, ich lande bei meinen Schülern nicht, die kreisen ständig um sich selbst.« Diese Formulierungen treffen im Kern, was »Autopoiese« meint: »Dickköpfigkeit«, Eigensinn, um sich selbst kreisen usw. Und jetzt ganz wichtig: Systemiker glauben, dass Kinder diesen Eigensinn auch dann behalten, wenn sie »gehorsam« sind. Lehrer haben es dann lediglich geschafft, mit dem Eigensinn der Schüler in Kontakt zu kommen. Ihre Kollegin umriss in Bewegungssprache, wie pädagogische Einflussnahme gelingen kann. Ich muss »landen«, also dort eintreffen, wo ich führen will. Und wo liegt der Ort meiner Ankunft? Im System, im Eigensinn, in der »Dickköpfigkeit«, in den Kreisen der Schüler! Also in ihren Gedanken, Gefühlen und in ihrem Verhalten. Dieses System Schüler, so könnte man sich vorstellen, hat Türen, die sich Ihnen öffnen oder verschlossen bleiben. Öffnen werden sie sich, wenn das System etwas Systembekanntes erwarten kann. Nichts absolut Fremdes darf rein. Kommt mit dem Bekannten dennoch Neues, wird dieses Neue die Schwelle nur dann passieren, wenn es im Interesse des Systemerhalts erscheint. Schüler wollen also sicher sein, dass der »Gehorsam« ihre Identität nicht gefährdet. Am besten, das »Folgen« bringt aus ihrer Perspektive einen Vorteil (Systemerhalt). Mit der Aussicht auf System- bzw. Ich-Gewinne können sie einen Lehrer als Führungsperson bereitwillig akzeptieren. Es mag sein, dass Wolfgang bereits ein Türchen geöffnet hat.

> Frau Meier: Dieses Matheblatt wird Arbeit machen, das stimmt, dazu hast du keine Lust, das macht dich wütend. Und ich hab keine Lust, mich von dir beleidigen zu lassen, Wolfgang!

Wir haben bereits festgestellt, dass sich Frau Meier im Spiegeln ihrem Schüler gegenüber präsent erweist. Diese Präsenz der Lehrerin wird trotz aller kontroversen Auseinandersetzung einladend wirken. Denn Frau Meier thematisiert Wolfgang'sche System-Momente. »Du hast keine Lust« mag für den Schüler bedeuten: »Die Lehrerin begibt sich in meinen Eigensinn, in meine Autopoiese. Und das darf sie gerne, respektiert sie doch damit mein persönliches Selbstsein, meinen Ich-Wert!« In Wolfgang gärt es weiter: »Wenn sie diesen Respekt durchhält, sehe ich für mich vielleicht darin einen Gewinn, sie nicht mehr zu beleidigen«. »Und welchen?«, werden Sie fragen. Das können wir in den folgenden *Spickzettel*-Abschnitten überlegen – mit Wolfgang zusammen! Ohne ihn geht gar nichts! Sie können den Schüler nicht ohne ihn führen. Nur mit ihm geht es. Dieses Mit-ihm heißt: Er wird im Verzicht auf verbale Aggressionen Eigenprofite finden. Einen, so sei nochmals betont, haben wir bereits ermittelt: Im Gespiegelt-Werden erfährt er sich wahrgenommen und dadurch in seinem persönlichen Wert bestätigt. Genau das wird er weiter wollen. Wenn Wolfgang in der Folge Frau Meier nicht mehr beleidigt, sind stets seine Ich-Interessen mit im Spiel. Das meint in unserem Zusammenhang »Autopoiese«.

Mit diesen Gedanken im Kopf fokussieren wir jetzt zwei weitere Aspekte unseres aktuellen *Spickzettel*-Knotenpunktes. Unser Führungsthema verlangt noch genauere Betrachtung.

5.2 Systemisch = antiautoritär?

Die Rede von der Autopoiese, von der prinzipiellen Auto-

Knotenpunkt 2: Führung

nomie der Schüler nötigt die Frage auf: Will denn systemische Pädagogik antiautoritär sein? Nein, das will sie nicht! Und inwiefern nicht? Wenn wir den Eigensinn der Schüler als System-Faktum gelten lassen, könnte uns doch antiautoritäres Gedankengut bestens in den Kram passen!

Der Begriff »antiautoritär« hat eine sehr bewegte Geschichte, er hat etwas Revolutionäres, etwas Unspießiges, darum haftet ihm Reizvolles an. Der Lehrer ist nicht unfehlbar, und der Schüler darf davon überzeugt sein.

Alexander Sutherland Neill hat in der ersten Hälfte des 20. Jahrhunderts in England eine Reformpädagogik entfaltet, mit der er auf die damals übliche aggressive Lehrer-Willkür reagierte. In seiner Internatsschule »Summerhill« praktizierte er einen demokratischen Führungsstil und – seinerzeit kurios – er hörte auf Kinder! Ausführlich ließ er sie zu Wort kommen. Strikt verbot er Gewalt Erwachsener gegen sie. Als »antiautoritäre Erziehung« wurde Neills Ansatz auch in Deutschland bekannt und vor allem in der 68er-Bewegung als Entlastung von der Rigorosität bisher kinderfeindlicher Pädagogik hochgeschätzt.

Ich besuchte die Grundschule in den 1960er Jahren. Damals waren Ohrfeigen noch erlaubt. Von ihrem Züch-

Systemisch = antiautoritär?

tigungsrecht machten damals Lehrer häufigen Gebrauch. Auch meine Wangen glühten immer wieder. Die Lehrerin, die mich seinerzeit ohrfeigen durfte, hasste ich abgrundtief. Ihre stete Gewaltbereitschaft ängstigte mich, machte mich klein und wertlos. Mein Hass war das einzige Refugium emotionalen Selbsterhalts. Diese Erfahrung erwähne ich, um Neills reformpädagogisches Anliegen persönlich zu würdigen.

Systemisch allerdings kann ich seinen Praxisvorschlägen nicht folgen. An dieser Stelle nur ein Beispiel. In seinem Standardwerk findet sich das Kapitel »Das freie Kind«. Darin vermerkt er: »Wir müssen dem Kind erlauben, egoistisch zu sein – seinen kindlichen Interessen die ganze Kindheit hindurch frei folgen zu können. Wenn die individuellen und die sozialen Interessen des Kindes in Konflikt geraten, dann sollten die Ersteren ruhig den Vorrang haben« (Neill 1969, S. 123).

Meine Berufserfahrung spricht eine andere Sprache: Individuelle Interessen und soziale Interessen begegnen einander und werden miteinander systemisch, also beziehungsthematisch erörtert. Ein akutes Gegeneinander von Individualität und Sozietät wird bearbeitet und nicht

Knotenpunkt 2: Führung

zuungunsten eines Parts belassen. Zu unserem Thema: Wolfgang erfährt, dass Frau Meier sich nicht beleidigen lässt. Die Lehrerin ist hier im Sinne Neills die Verkörperung des sozialen Interesses. Mit ihr nämlich lässt sich gewiss der Großteil von Wolfgangs Umwelt nicht beleidigen. Antiautoritär gestrickt, müsste Frau Meier dieses soziale Interesse aufgeben und ihrem Schüler »erlauben, egoistisch zu sein«. Die Beleidigung bliebe unbearbeitet. Im System Wolfgang überlebte die Gewissheit, dass Beziehung verbal aggressiv gelingt. Die Lehrerin denkt anders und ist überzeugt, dass sie auch für die Entwicklung der Sozialkompetenz ihrer Schüler verantwortlich ist. Neben ihrem persönlichen Würdeanspruch hat sie auch einen soziodidaktischen Auftrag und wird die Beziehungsfähigkeit Wolfgangs im Auge behalten. Darum erlaubt sie ihm nicht, »egoistisch« zu sein.

Die Autorität der Lehrerin artikuliert sich unmissverständlich: Die Kollision von »Egoismus« und sozialer Erfordernis ist klar formuliert und insofern konstruktiv problematisiert, als Frau Meier die Beleidigung auf keinen Fall hinnimmt. Und jetzt wird's total systemisch. Wir erinnern uns: Systemisch heißt, wir interessieren uns für

Systemisch = antiautoritär?

---

das mitmenschliche »Drumherum« und dafür, was zwischen Menschen vor sich geht. Der Anspruch Frau Meiers also, von ihrem Schüler nicht beleidigt zu werden, ist ein Beziehungsanspruch. Und den kann sie nur wirksam und überzeugend durchsetzen, indem sie denselben Anspruch ihrem Beleidiger unterstellt. Sie denkt: Was ich von ihm will, wird er auch von mir wollen. Jedes Wort, mit dem Frau Meier den Respekt des Schülers einfordert, wird daher ihren Respekt vor ihm signalisieren. Ein Lehrer, der auf Kinder respektlos reagiert, kann von Kindern keinen Respekt erwarten. Wir haben diese Thematik bereits unter Punkt 1.2 (Spiegeln) angerissen und vertiefen sie jetzt im Zusammenhang mit der Führungsabsicht der Lehrkraft. Wenn Frau Meier im Sinne Rogers' die Replik Wolfgangs ausdrücklich aufgreift und in ihren Protest einbaut (»Du hast keine Lust auf das Matheblatt«), praktiziert sie nicht nur spiegelnd Präsenz und Achtung vor dem autopoietischen Selbsterleben des Schülers. Sie schafft auch die unabdingbare Voraussetzung für ihre Führungsmöglichkeiten. Die Bereitschaft Wolfgangs, Frau Meier als Führungsinstanz zu akzeptieren, kann dann entstehen, wenn seine Ich-Prozesse Inhalt ihres Feedbacks werden.

Knotenpunkt 2: Führung

Sachlich vielleicht nachvollziehbar, jedoch ohne Aussicht auf systemischen Führungserfolg wäre etwa eine oft gehörte Äußerung wie:

FRAU MEIER (führungsschwach): Dass du auf Mathe keine Lust hast, darf uns jetzt nicht interessieren. Die Arbeit muss gemacht werden. Ich versteh dich ja! Glaubst Du vielleicht, ich habe ständig Lust zu allem, was ich machen muss? Außerdem hast du kein Recht mich zu beleidigen!

Diese Entgegnung kann gut, sehr gut gemeint sein. Sie versucht sich sogar in der Solidarität mit der Unlust des Schülers. Sie schafft jedoch genau darin weite Distanz zu ihm, da sie seine persönliche Wirklichkeit übergeht.

Führung muss, systemisch gesehen, Nähe herstellen. Und an dieser Nähe beteiligt sich der Schüler, wenn die Führungsinstanz seine Befindlichkeit reflektiert. Diese Reflexion ist vollzogen, wenn Wolfgang hört: »Dieses Matheblatt wird Arbeit machen, das stimmt!«

Von Frau Meier könnte man sich an die goldene Regel aus der Bergpredigt des Matthäusevangeliums erinnert fühlen: »Alles, was ihr also von anderen erwartet, das tut auch ihnen« (Mt 7,12). Der neutestamentliche Autor

Systemisch = antiautoritär?

dieser Zeilen muss ein Vollblut-Systemiker gewesen sein, seine Moral ist Beziehungsmoral. Die lebendige interaktive Dynamik von Eigeninteressen einerseits und Umweltinteressen andererseits ist hier appellativ formuliert und heißt ganz systemisch: Wir kommen nicht allein vor! Und was wir voneinander wollen, müssen wir einander geben. Wolfgang tat nicht, was die Lehrerin erwartete, er beleidigte sie. Die Lehrerin darf Wolfgang nicht zurückbeleidigen, sondern muss selbst tun, was sie von ihm verlangt und ihn respektieren – just in dem Moment, da sie seinen Respekt beansprucht. Genau damit sichert sie sich die besten Führungschancen!

Ich möchte diesen Punkt abschließen: Systemische Pädagogik setzt auf Interaktion, auf Beziehung. Sie überlässt Kinder nicht ihrem »Egoismus«. Ganz anti-antiautoritär und zugleich respektvoll meldet Frau Meier ihren Protest, denn, wie schon erwähnt, sie will auch soziale Kompetenzen vermitteln. Ihre Kollegin steuert enorme Ziele an, neben Wissensvermittlung leistet sie im Grunde gezielte Sozialarbeit. Ihre Energie und ihre multiple Einsatzbereitschaft sind bestens investiert! Wolfgang bleibt ihr dafür zeitlebens dankbar. Übertreibe ich? Holen Sie mal bitte Ihre eigene Schulzeit in die Erinnerung! An wen denken Sie froh und dankbar gestimmt? Mit Sicherheit sind es die Lehrer, deren Emotionen Sie erkennen konnten, die als Autoritäten keine Gewalt zuließen und die beim Grenzen-Setzen Respekt vor den Schülern signalisierten. Diese Pädagogen mochten Sensibilität dafür wecken, dass die eigene Freiheit dort vorsichtig werden muss, wo die Freiheit des anderen beginnt.

Systemisch = antiautoritär?

Diese Vorsicht liegt, wie wir noch sehen werden, im autopoietischen Eigeninteresse des Kindes bzw. Jugendlichen. Wenn ein Schüler seinen Freiheitsanspruch mit aggressiver Beliebigkeit gleichsetzt, wird vor allem er selbst den Kürzeren ziehen. Er wird beziehungsunsicher, unbeliebt, ausgegrenzt. Seine aggressive Beliebigkeit ist nur scheinbar ein Stärkenachweis. Ein Schnuller ist sie, der die Hetze seiner Angstbereitschaft beruhigen soll.

Meine Freiheit ist ohne die Freiheit der anderen nicht denkbar, nicht erlebbar!

Dies ahnte übrigens auch Neill. Darum widerspricht er sich eklatant auf derselben Seite, wenn nicht sogar in ein und demselben Satz: »Freiheit heißt, tun und lassen zu können, was man mag, solange die Freiheit der anderen nicht beeinträchtigt wird« (Neill, ebd.).

Was nun? Einem Kind auf einmal nicht mehr erlauben, »egoistisch« zu sein? Kein Vorrang mehr der individuellen Interessen vor den sozialen? Ein pädagogischer Ansatz, der sich in wesentlichen Fragen dermaßen selbst unterhöhlt, wirkt so unbrauchbar wie ein Wetterfrosch, der neben Sonnenschein sämtliche Niederschläge ankündigt.

Knotenpunkt 2: Führung

5.3 Rumpelstilzchens Geheimnis

Da ich mit aggressiv auffälligen Kindern »nur« als Psychologe arbeite, könnten mich Ihrerseits Vorbehalte treffen: Was der da schreibt, zieht er sich aus seinen Psycho-Fingern, das hat mit unserer harten Wirklichkeit wenig zu tun. Diese Vorbehalte sind nachvollziehbar. Um zu wissen, was in einer Klasse mit aggressiven Schülern abgeht, muss man selbst in ihr stehen und sie erleben. So ist es!

Nun gehöre ich einem Team an, das Schulkinder am Nachmittag bei den Hausaufgaben betreut. Die müssen erledigt werden. Unmittelbar, so bin ich gewiss, kann ich da erfahren, worin Ihr umfängliches Anforderungsprofil bestehen mag: frohes Miteinander von Heranwachsenden und Erwachsenen, herzlicher Austausch, gegenseitiges Interesse, Leistungsverweigerung, Geschrei, Lernpflichten, Aggressionsbereitschaft und vieles mehr. Die Schulklasse bietet freilich einen etwas anderen Kontext. Und mit diesem Kontext machen mich immer wieder Ihre Kollegen vertraut. Ein Deutschlehrer definierte sich selbst einmal während einer Fortbildungsveranstaltung so: »Wenn die Schüler nicht auf mich hören, komm ich mir vor wie die Müllerstochter im Märchen vom Rumpelstilzchen. Stroh soll sie zu Gold spinnen. Im Unmaß dieser Überforderung wird sie von allen Seiten bedroht: von ihrem eigenen Vater, vom König und schließlich auch von Rumpelstilzchen selbst.« Eine hervorragende Bezugnahme! Die Metaphorik dieser Geschichte erlaubt uns, sie besonders an ihrem frohen Ende auf uns anzuwenden. Darum fragen wir: Was hat denn die mittlerweile zur Königin avancierte Unglückliche gerettet? Das Märchen weiß: die Kenntnis des Namens ihrer Bedrohung!

In der Medizin gebraucht man den Begriff »Rumpelstilzchen-Effekt«, um ein Phänomen zu benennen, das an vielen Patienten beobachtbar ist: Die Diagnose einer heilbaren Krankheit kann von entlastender Wirkung sein. Sie erlöst von der Unklarheit, von diffusen Ängsten und vermittelt die Hoffnung auf therapeutische Interventionsmöglichkeit. Eine Krankheit, die man kennt, die einen Namen hat, ist auch behandelbar, so die Überzeugung. Flecken auf der Haut müssen identifiziert werden (Schuppenflechte), um ein wirksames Heilverfahren wählen zu können (Bade- und Lichttherapie). Wenn man weiß, womit man es zu tun hat, weiß man auch, was zu un ist. »Problem erkannt, Problem gebannt!«, so könnte

Knotenpunkt 2: Führung

man den Rumpelstilzchen-Effekt vielleicht verkürzt wiedergeben.

Wir übertragen diese Inhalte auf unsere Thematik. Alles, was die Lehrkraft konkret benennt, verliert an dunkler Macht. Wenn sie klar verdeutlicht, dass ihr die Beleidigung Wolfgangs »gewaltig stinkt«, wenn sie geradeheraus bekannt gibt, dass sie keine Lust hat, sich attackieren zu lassen, identifiziert sie das Bedrohliche, identifiziert sie »Rumpelstilzchenhaftes«. Die Führung übernimmt bzw. behält Frau Meier in der konkreten Versprachlichung der aggressiv aufgeladenen Szenerie. Wichtige Details bringt sie ins Wort, für alles, was ihr bedeutsam erscheint, findet sie den »richtigen Namen«. Und genau damit vollzieht sie Führungs- und Handlungskompetenz.

Wir halten zudem fest, dass Frau Meier immer wieder den Namen ihres Schülers gebraucht. Die Anrede mit Namen stellt zum einen persönlich respektvolle Verbindlichkeit her. Dem Schülerwunsch nach Beachtung ist damit Rechnung getragen. »Ich bin nicht irgendwer!«, weiß Wolfgang, wenn ihn Frau Meier ausdrücklich anspricht. Zugleich ist das Bedrohliche an seiner Erscheinung abgesteckt. Die Kommunikation mit Wolfgang kann hohe

Rumpelstilzchens Geheimnis

führungsqualitatives Niveau erreichen, wenn sein Name immer wieder hörbar ist. Prinzipiell vertieft das Führungspostulat der Lehrkraft seine persönlich empfindbare Gültigkeit, wenn sie die Namen ihrer Schüler immer wieder in ihr Sprechen einflicht.

Knotenpunkt 1 thematisiert Wahrnehmen und Mitteilen: Wir sagen, was wir erleben. Knotenpunkt 2 will mehr: Wir informieren andere über unsere Grenzen.

Zusammenfassung 2:
Wir führen, indem wir dialogisch genau sagen, was uns passt und was uns nicht passt. Und wir üben Respekt vor dem Schüler, indem wir seinen Standpunkt aufgreifen.

6 Knotenpunkt 3: Lob

An unserem Rumpelstilzchen haften nicht nur Mängel. Immerhin beherrscht es die Kunst, Stroh zu Gold zu spinnen. Was jedoch viel tiefer wiegt, ist sein Sensus für die Not der Königin. Als das Männchen kam, um sich ihr Kind zu holen, weinte die Mutter. Rumpelstilzchen hatte Mitleid und räumte ihr eine letzte Chance ein. Nicht alles am Auftreten und Wirken von Rumpelstilzchen ist zu kritisieren. Geheimnisvoll kreativ kann es aus scheinbar Wertlosem Wertvolles machen, und es ist zu einem ganz kostbaren Gefühl in der Lage. Mutig obendrein: Das kleine bedrohliche Ungeheuer bietet die Möglichkeit seiner Überwindung! Zumindest partiell hat es unser Lob verdient!

Uns geht es jetzt an diesem Knotenpunkt um das Gute, das wir neben dem Wust des Beklagenswerten entdecken wollen.

Eine alte Leier werden Sie jetzt vielleicht befürchten. »Ja, ja, wir müssen Kinder loben, und wir tun das auch. Aber erwarten Sie davon keine Wunder!«, so entgegnete mir mal eine Lehrkraft, als ich die Notwendigkeit von Lob und Anerkennung unterstrich.

Knotenpunkt 3: Lob

Keine Wunder? Doch, Wunder! Genau das erwarten wir vom Lob! Diese Erwartung kann sich immer wieder an der Wirklichkeit bestätigend erfüllen. Kinder wollen von uns hören, dass Sie etwas gut gemacht haben. Und wenn sie dies hören, hören sie auch! Heranwachsende gieren danach, dass wir ihre Kompetenzen erkennen. Wir melden ihnen ausdrücklich, was wir an und mit ihnen okay finden. Dann hat das kindliche Vertrauen in unser Wohlwollen eine Riesenchance!

Gegen diesen Standpunkt gibt es durchaus Einwände. Der dänische Familientherapeut Jesper Juul beispielsweise bezieht einen völlig anderen Standpunkt. In einem Beitrag zum *ZEIT-Magazin* meint er unumwunden:

»Lob ist eine Note, eine gute Note. Das heißt, unsere Beziehung ist jetzt nicht mehr gleichwertig, ich bin der Lehrer, und ich kann entscheiden, was der Schüler verdient hat, eine schlechte oder eine gute Note. Das Problem ist: Lob schüttet Lusthormone aus, und danach werden Kinder süchtig. Verstehen Sie mich nicht falsch: Man kann seine Kinder Tag und Nacht loben. Die Frage ist nur: Was passiert dann? Wenn man ein Kind will, das einfach nur funktioniert, ohne nachzudenken, ist Lob eine praktische Sache. […] Um sich etwa das dauernde Loben abzugewöhnen, muss man abends überlegen: Wie oft habe ich heute mein Kind gelobt? Was hätte ich stattdessen Persönliches sagen können?« (Juul 2010, S. 15).

Welche Kinder hat Juul da im Auge? Kinder, die sich vom Lob degradiert fühlen? Kinder, die sich stupide funktionalisieren lassen und süchtig werden? Kinder, die nicht mehr nachdenken, wenn sie gelobt werden? Kinder, die Lob als etwas Unpersönliches erleben? Oder anders gefragt: Wie werden die von Juul kritisierten Eltern, Pädagogen oder gar Juul selbst Kinder gelobt haben, wenn er sie als entmündigte, da gelobte Manipulationsprodukte betrachten muss?

Ich zitiere diese Äußerung, weil sie hilfreich all jene Momente negierend benennt, die in Kindern voll zur Entfaltung kommen, wenn wir sie loben: Kinder erleben sich in ihrem Wert bestätigt, reflektieren bewusst die Inhalte der Anerkennung, bleiben altersangemessen Selbstgestalter ihrer Welt und erfühlen das persönlich vertiefte Wohlwollen der Erwachsenen.

6.1 Wir sind Ex-Schüler

Unter Punkt 2.2 habe ich Sie eingeladen, sich an Ihre eigene Schulzeit zu erinnern. Was kennzeichnet Lehrer, an die wir gerne denken? Emotionale Erkennbarkeit, entschlossene Opposition gegen Gewalt und respektvolles Kontaktgebaren. Als Ex-Schüler vergegenwärtigen wir uns zudem leicht jene Glücksmomente, die anerkennende Worte seitens unserer Lehrkräfte in uns erwirken konnten. Wir wissen aus unserem eigenen Erleben, welch tiefe Gedächtnisspuren positive Kommentare zu unserem Leistungs- und Sozialverhalten gezogen haben. »Mach mal halblang!«, werden Sie vielleicht einwerfen! Glücksmomente, Gedächtnisspuren positiver Kommentare wegen? Meine Gewissheit hole ich an dieser Stelle wieder aus der Praxis. Ein 28-jähriger Mann, den das heilpädagogische Team unserer teilstationären Einrichtung in seinen Grundschuljahren betreute, sicherte mir kürzlich zu:

> »Das größte Glück, das ich in den ganzen vier Jahren bei euch hatte, habe ich in der Adventszeit erlebt. Da hast du mir mal gesagt, dass ich den ausgerollten Teig für die Plätzchen mit der Sternchenform wunderbar ausgestochen habe!«

Knotenpunkt 3: Lob

Ich konnte das kaum glauben. Dieser »Ehemalige«, seinerzeit schwer aggressiv verhaltensauffällig, erzählte, die zitierte Nebenbei-Bemerkung sei für ihn von überragender Wirkung gewesen. Seither, so der junge Mann, habe er begonnen, sich überhaupt einen Wert zuzumessen. Dies war das »Schlüsselereignis« für die Entwicklung seiner Selbstsicherheit, wie er wörtlich unterstrich.

Ein Schlüsselereignis auch für mich. Denn ich überlegte in der Folge öfter still vor mich hin, ob in meiner eigenen Biografie ähnliche »Nebenbei-Bemerkungen« aufzufinden seien, Lichtmomente, in denen mich meine Eltern oder Lehrer durch ein anerkennendes Wort nachhaltig wirksam aufrichteten. Eine ganze Fülle ließ und lässt sich aufspüren. Wieder lade ich Sie ein: Vielleicht finden Sie mal die Ruhe zu einer selbstreflexiven Trance, zu einer Glückstrance, in der Sie solche Lichtmomente aus Ihrer Vergangenheit herbeimeditieren. Auch Sie werden fündig und sicher: Ihr Selbstwert hat wesentlich mit der Bereitschaft Ihrer erziehenden Umwelt zu tun, Sie mit einem wohlwollenden Satz über das, was Sie gut hingebracht haben, zu erfreuen. Das Resultat dieser Eigenempathie mag uns pädagogisch inspirieren und anregen, unseren Kindern derartige Schlüsselereignisse zu ermöglichen und sie damit seelisch zu stärken.

6.2 Schlüsselwort und Verschlusswort

Das Wort »Schlüsselereignis« verwendete unser »Ehemaliger«. Schlüsselwörter haben in Märchen, in der Programmiersprache, beim Militär und im Wachdienst die Funktion, eine Tür oder einen Zugang zu öffnen. Ein »Schlüsselwort« soll in unserem Zusammenhang fortan eine Sprecheinheit sein, die aufschließt und ein Kind oder einen Jugendlichen dialogbereit stimmt. Ein »Verschlusswort«, so will ich es nennen, meint das Gegenteil. Es verschließt und verschuldet, dass Schüler »zumachen«, sich einigeln und abschotten. Unter Punkt 2.2 haben wir bereits Verschlusswörter zitiert. Die Lehrkraft betont: »Dass du auf Mathe keine Lust hast, darf uns jetzt nicht interessieren. Die Arbeit muss gemacht werden. Ich versteh dich ja! Glaubst du vielleicht, ich habe ständig Lust zu allem, was ich machen muss?«

Das sind klassische Verschlusswörter. Da diese Sätze immer wieder zu hören sind, wollen wir hier wissen, worin eigentlich deren Verschlussqualität besteht. Was ver-

Präventiv handeln

---

schließt da genau? Tragisch ist dieses Verschlusswort insofern, als an seiner guten Absicht kein Zweifel bestehen kann. Dieses Verschlusswort nämlich will gar nicht verschließen. Frau Meier konfrontiert den Schüler mit der Realität und signalisiert ihm zugleich ausdrücklich Verständnis! Der Clou, so mag sie meinen, sei der Verweis auf ihren eigenen Unmut angesichts widerwärtiger Anforderungen. Was also verschließt dann? Nicht die Konfrontation mit der Realität (»Die Arbeit muss gemacht werden«)! An der kommen beide, Lehrkraft wie Schüler, nicht vorbei. Verschlusswirkung hat allerdings die Behauptung, dass des Schülers Unlust »uns jetzt nicht interessieren« dürfe. Dieser Erlass löscht nicht im Geringsten das Interesse des Schülers an seinem eigenen Missbehagen. Zudem weiß er jetzt, dass eine Empfindung, die für ihn interessant bleibt, aus Sicht des Erwachsenen hinderlich, ja illegitim ist. Und das verriegelt alle Türen! Gefühle, so wollen wir uns dauerhaft vergegenwärtigen, sind nie uninteressant, Gefühle sind nie unerlaubt, Gefühle sind immer wertvoll. Wenn die Lehrkraft mitteilt, »dass du auf Mathe keine Lust hast, darf uns jetzt nicht interessieren« entfernt sie sich weit von ihrem Schüler. Sie ist einfach

Schlüsselwort und Verschlusswort

weg, trotz physischer Anwesenheit, weg von dem, was im Schüler gerade aktuell passiert. Die Absenz der so Sprechenden weitet sich, da sie die rhetorische Frage stellt: »Glaubst du vielleicht, ich habe ständig Lust zu allem, was ich machen muss?« Wer sich selbst als Ideal-Exempel statuiert, macht den nieder, der gerade diesem Exempel nicht genügen kann. Eine Lehrerin hat mal im Gespräch mit mir diese Feststellung brüsk zurückgewiesen und betont: »Aber ich will doch ganz nahe beim Schüler sein, wenn ich ihm sage, dass es mir oft so geht wie ihm!« Ja, wie oben schon zugesichert, das mag die gute Absicht sein. Beim Schüler landet diese gute Absicht jedoch in den meisten Fällen nicht. Die Bedeutung einer Botschaft bestimmt nie der Sender, sondern der Empfänger! Und der wird höchstwahrscheinlich in dem gut gemeinten Selbstbezug der Lehrkraft den Appell hören: »Schau mal her, was ich für ein Held bin! Nimm dir an mir ein Beispiel!« – Nimm dir ein Beispiel! Es geht nicht beschämender! Nochmals: In wohlgesinnter Intention mögen Exempel-Imperative formuliert werden. Sie wollen anregen, den Besseren nachzueifern, und ermutigen: Es geht schon, du schaffst das auch! Diese »Ermutigung« verlangt aber vom

Präventiv handeln

Schüler einen desaströsen Selbstbefund und einen sozialen Vergleich, den er aktuell zu seinen Ungunsten ziehen muss. Das Gespräch mit dem Schüler stockt dann und provoziert eine Wirkung, die der guten Absicht zuwiderläuft. Der Frust des Schülers wird weitere verbale Aggressionen wahrscheinlich machen.

Ein kurzer Überblick kann uns Orientierung bieten.

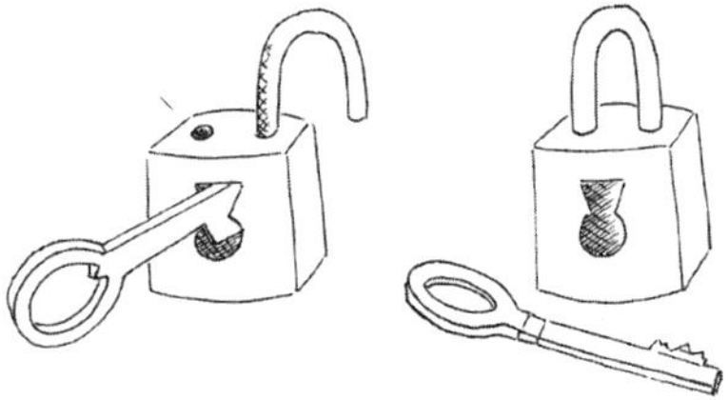

Schlüsselwort	Verschlusswort
lobt	kritisiert
baut auf	macht nieder
greift Schülerempfindungen auf	ignoriert Schülerempfindungen
und spiegelt sie	oder weist sie zurück

Wir wollen den Dialog zwischen Frau Meier und Wolfgang fortsetzen und schauen, welche Schlüsselwörter interaktive Offenheit sichern können.

FRAU MEIER: Dieses Matheblatt wird Arbeit machen, das stimmt, dazu hast du keine Lust, das macht dich wütend. Und ich hab keine Lust, mich von dir beleidigen zu lassen, Wolfgang!

WOLFGANG: Tja, das ist Ihr Problem, wenn Sie so empfindlich sind.

Eine Unverschämtheit, so werden Sie denken! Ihr systemisches Wohlwollen könnte hier abrupt enden. Und Sie mögen vielleicht glauben, es sei nun entschlossene Gegenwehr angezeigt. Gewiss wollen Sie sein: »Emotionale Erkennbarkeit, wie sie unter Punkt 1 erwähnt ist, muss jetzt meine Entgegnung beleben und dafür sorgen, dass dieser freche Kerl merkt, mit wem er es zu tun hat.« Mit wem er es zu tun hat? Unbedingt! Wolfgang soll wissen, wer Sie sind und dass Sie sich nicht beleidigen lassen. Wenn Sie systemisch denken, werden Sie Wolfgang als Kommunikationspartner in Ihrer Nähe halten und sich als Ex-Schüler Ihrer eigenen Glückstrance erinnern. Aus dieser Glückstrance holen Sie die Überzeugung, dass wir gelobt und anerkannt werden wollen. Wie bitte? Jetzt, nach dieser bodenlosen Unverfrorenheit loben und anerkennen? Ja, das müssen wir wenigstens versuchen!

Präventiv handeln

Wolfgang wird jetzt hören, welches Element dieser flegelhaften Entgegnung anerkennenswert sein könnte. Er hat Frau Meier Empfindlichkeit attestiert. Und das zu Recht! Ja, wir sind empfindlich! So einfach ist das! Und unsere Empfindlichkeit ist ein kostbarer Schatz, aus dem wir jetzt Kapital schlagen. Wenn Frau Meier unseren dritten Knotenpunkt »Lob« beherzigt, bleibt sie souverän und kontert wirksam:

Frau Meier: Ja, Wolfgang, ich bin empfindlich. Das hast du super erfasst! Und ich lass mich von dir nicht beleidigen!

Wir werden uns zunächst schwertun, akute Momente unseres Innenlebens einem zumal dreisten Schüler in dieser schonungslosen Transparenz offenzulegen. Dieser »Seelen-Strip« kann ins Auge gehen. Was wird der draus machen? Noch mehr Macht und Unbotmäßigkeit aufbieten? Mag sein. Und wieder muss ich Erfahrungsdaten aus meinem und anderer Berufsleben mit aggressiv auffälligen Schülern erwähnen. Auch Kollegen Ihrer Branche erprobten mehrmals diese Art der »Coolness« Kein einziges Mal berichteten mir Lehrkräfte, ein Junge oder ein Mädchen habe hernach mit diesem mutigen erwachsenen Selbstbekenntnis Schindluder getrieben. Wie auch? Hat doch Frau Meier aus den Segeln des Schülers allen Wind genommen! Wolfgang meinte, er habe eine Schwäche seiner Lehrerin treffsicher diagnostiziert und damit seinen verbal aggressiven Hebel verlängert. Frau Meier enttäuscht mit der Bestätigung seiner Diagnose alle oppositionell geladenen Erwartungen. Der Aggressionshebel ist so kurz geworden, dass Wolfgang damit nichts Bedrohliches mehr anfangen kann.

Frau Meier verwendet zudem ein Schlüsselwort. Mit der Zusicherung »Das hast du super erfasst!« zieht sie ein großes Los, ein Los, das uns der Lösung näher bringt. Ihr Schüler wird sich nicht kritisiert und niedergemacht fühlen, sondern anerkannt und aufgebaut. Er hat etwas gekonnt! Mit dem Schlüsselwort werden die autopoietischen Interessen des Schülers reich bedient (Wunsch nach Ich-Bestätigung). Man kann den Gewinn dieses systemischen Kommunikationsstils nicht hoch genug ansetzen. Denn er schlägt mehrere Fliegen mit einer Klappe. Frau Meier hat ihren Standpunkt erneut dezidiert bezogen. Sie bleibt dabei: Keine Beleidigung nimmt sie hin. Mitnichten büßt sie ihre Souveränität ein, indem sie Wolfgangs

Präventiv handeln

Empfindlichkeitsattest billigt. Vielmehr gewinnt sie an Stärke und Solidität. Der Gipfel systemischer Finesse ist mit dem Schlüsselwort erklommen. Frau Meiers Protest konzediert persönliche Zustimmung: »Ja, Wolfgang, ich bin empfindlich. Das hast du super erfasst!«

Unser Kapitel lässt sich englisch wiedergeben. Manchmal erscheint mir die Slogan-Sprache ihrer grammatikalischen Schlichtheit wegen griffig verwendbar. Darum hier: *Catch the pupils being good!*

»Gecatched«, »erwischt« hat Frau Meier ihren Schüler beim »Gutsein«. Indem sie Wolfgang via Schlüsselwort rückmeldet, dass er ihre Empfindlichkeit »super erfasst« hat, darf er sicher sein: Meine autopoietisch gestrickten Ich-Interessen bleiben berücksichtigt!

Verschlusswörter wären etwa: »Deine Frechheit ist unglaublich!« oder »Du kommst dir wohl sehr cool vor!« oder »Bei dir piepts wohl?« oder, pädagogisch ganz seriös klingend: »Du solltest auf anständiges Benehmen achten. So kommst du später mal nicht durch! An jeder Arbeitsstelle fliegst du, wenn du dich so äußerst!« All diese Verschlusswörter mögen verständlich und bestens nachvollziehbar sein. Sie resignieren aber, kapitulieren vor der Schwierigkeit, sich zu verständigen. Verständigung ist möglich, wenn die Lehrkraft Wolfgangs dringenden Wunsch nach Lob und Anerkennung beachtet. Sie wird also auf der Hut sein. Sobald sie etwas Positives – und mag es auch geringfügig erscheinen– identifiziert, greift sie es auf und macht es zum Inhalt einer würdigenden Rückmeldung.

Wolfgang setzt nach:

WOLFGANG: Dieses Matheblatt ist eben Scheiße!

FRAU MEIER: Ja, Wolfgang, dir geht dieses Matheblatt gegen den Strich. Du bist ärgerlich. Wir müssen mit dieser Aufgabe zurechtkommen. In Englisch und Deutsch bist du ja super. Und ich lasse mich von dir nicht beleidigen.

Frau Meier kommuniziert wieder mit einem Schlüsselwort. Sie erkennt, dass Wolfgang seine freche Bemerkung über ihre Empfindlichkeit nicht noch einmal aufgreift. Er nimmt Rekurs auf das Matheblatt. Sie wird darin ein Quäntchen Friedensbereitschaft sehen, Wolfgangs Qualitäten in Englisch und Deutsch erwähnen (Schlüsselwort) und noch einmal ausdrücklich insistieren, dass sie keine verbalen Attacken hinnimmt.

Knotenpunkt 3: Lob

Zusammenfassung 3
Sobald wir im Dialog mit dem Schüler etwas Positives entdecken, melden wir ihm dies ausdrücklich und anerkennend.

7 Knotenpunkt 4: Ärger okay

Waren wir unter Punkt 3 dabei, das Gute neben dem Wust des Beklagenswerten zu entdecken, wollen wir jetzt *im* Beklagenswerten das Gute ausmachen. Von Paul Watzlawick erschien 1986 das Buch *Vom Schlechten des Guten*. Darin diskutiert er die Problematik dualistischen Denkens, das begriffliche Gegensatzpaare favorisiert und die Komplexität menschlichen Miteinanders ignoriert. Thematisch sehr flexibel begründet er den »Verdacht, dass das Gegenteil von schlecht nicht notwendigerweise gut ist« (S. 39). Wenn Gut und Schlecht nicht unbedingt Gegenteile voneinander sind, kann das Gute Schlechtes enthalten, so meint Watzlawicks Titel. Wir wollen diese Position hier logisch fortsetzen und denken, dass auch das Schlechte nicht nur schlecht sein muss! Das Gute des Schlechten halten wir für möglich. Alles, was uns zuwider erscheint, könnte wenigstens eine Nuance Positives in sich bergen. Unser Knotenpunkt 4 umschnürt genau diese Hypothese und will uns dafür sensibilisieren, dass wir Gut und Schlecht oft nicht trennscharf voneinander scheiden können. Ein thematisches Steckenpferd für Systemiker! Sie denken ungern in disparaten Kategorien und finden sich mit Vorliebe damit ab, dass es im Einen auch das gegenteilig Andere gibt. Dieser Denkstil des Nichteindeutigen schlingt sich auch in das systemische Therapieverständnis. Symptome sind da nicht nur der Not der Klagenden zuzurechnen, vielmehr intendieren sie konkrete Lösungsversuche! »Symptomatischem Verhalten kann man oft mit großem Nutzen einen Doppelcharakter zuschreiben: Es ist zum Problem geworden und zugleich zu einer Lösung« (von Schlippe u. Schweitzer 2012, S. 163).

7.1 Kain klärt auf

Warum hat Kain seinen Bruder Abel erschlagen?

Diese Frage ist mir aus dem Religionsunterricht der dritten Grundschulklasse gut erinnerlich. Sie war eine Prüfungsfrage. Wer sie »richtig« beantworten konnte, hatte die Geschichte aus der Bibel so verstanden, wie sie uns der Pfarrer damals nahebrachte. Wer »wusste«, dass Kain »eifersüchtig«, »neidisch« und »brutal« gewesen sei, bekam eine Eins. Der dermaßen günstig zensierte Schüler durfte sicher sein, dass er die Aggression des ersten Brudermörders analytisch korrekt erfasst hatte. Und

Kain klärt auf

unbedingt sollten wir jungen Wissbegierigen aus dieser Analyse für uns, für unser Leben, eine wichtige moralische Lehre ziehen, die da hieß: Nicht eifersüchtig sein, nicht neidisch sein, niemandem Böses tun! Wir hatten ein moralisches Muster, demzufolge eines feststand: Abel war der Gute, Kain war der Böse. Auf den ersten Seiten der Bibel erfahren wir auch noch, was im bösen Bruder emotional vor sich ging. Dieses Verbrechen ereignete sich nicht gefühllos. Die Bibel weiß: Zornig ist Kain geworden, bevor er auf Abel einschlug. Und auch darin hatten wir einen moralisch hilfreichen Fingerzeig zu sehen: Wütend dürfen wir keinesfalls werden. Man sehe ja, wohin der Zorn des Bösen führe.

Über diesen Brudermord kann man sich im ersten Buch der Bibel detailliert informieren und dann feststellen, dass diese Geschichte so einfach nicht ist, wie sie moralischen Ganz-genau-Wissern erscheint. Die tödliche Aggression, durch die Kain nach Auffassung des Bibelautors schuldig wurde, ist in ein furchtbares Beziehungsgewebe hineingeknüpft. »Der Böse« hat nicht zugeschlagen, weil er »eifersüchtig«, »neidisch« und »brutal« war. Das Unrecht begann in der Frustration eines Beziehungswun-

Knotenpunkt 4: Ärger okay

---

sches, den jeder Mensch in sich trägt und auf den jeder Mensch eine sensible Reaktion erhofft. Kinder, denen ich die Geschichte von Kain und Abel erzähle, meinen, der Zorn, die Wut des ersten Brudermörders sei okay. Zu dieser Wut musste es im Grunde gar nicht kommen. Kain und Abel hätten sich bestens verständigen können, hätten zeitlebens Freunde sein können, wenn nicht etwas Entsetzliches passiert wäre.

Adam und Eva gelten in dieser hebräisch-mythologischen Geschichte als das erste Menschenpaar. Über ihre beiden Söhne, Kain und Abel, weiß das vierte Kapitel des ersten Moses-Buches (Genesis, Einheitsübersetzung):

Abel wurde Schafhirt und Kain Ackerbauer. Nach einiger Zeit brachte Kain dem Herrn ein Opfer von den Früchten des Feldes dar; auch Abel brachte eines dar von den Erstlingen seiner Herde und von ihrem Fett. Der Herr schaute auf Abel und sein Opfer, aber auf Kain und sein Opfer schaute er nicht (Gen 4, 2b–5a).

Der Erzähler dieser alten Geschichte glaubte, dass Gott von Menschen Geschenke, also »Opfer« annahm. Und diesen Gott nannte er »der Herr«. Als »der Herr« da

Opfer Kains nicht beachtete, wurde dieser wütend:

> Da überlief es Kain ganz heiß, und sein Blick senkte sich (Gen 4, 5b).

Diese Wut nahm »der Herr« zur Kenntnis. Er mahnte Kain und befahl ihm, sich zusammenzunehmen. Kain dachte nicht daran, sich an diese Anweisung zu halten:

> Hierauf sagte Kain zu seinem Bruder Abel: Gehen wir aufs Feld! Als sie auf dem Feld waren, griff Kain seinen Bruder Abel an und erschlug ihn (Gen 4, 8).

Erzählen auch Sie diese Geschichte Schülern! Vielleicht wiederholen sich jene Stellungnahmen, die junge Zuhörer mir bereits mehrmals vortrugen: Furchtbar, was Kain da verbrochen hat! Abel hatte Kain nichts getan! An der »Unschuld« Abels und an dem »Unrecht« der Tötung besteht kein Zweifel. Mit den Kindern zusammen lässt sich neben dieser »Moral« auch das besprechen, was wohl in Kain passiert sein mag. Wütend wurde er. Was kann uns diese Wut zeigen? Niemand muss auf diese Frage hin lange überlegen. Die Kinder können genau angeben, was den Brudermörder zornig gemacht hat und was er gebraucht hätte. Sie erläutern verständlich, wie »der Herr« die »erste« geschwisterliche Aggression hätte verhindern können.

Knotenpunkt 4: Ärger okay

Analytisch genial treffen sich die jungen Diskutanten an einer Grundaussage: Er hätte auf die Geschenke Kains schauen, ihn beachten und loben müssen. »Dem Herrn« weisen die Kinder spontan väterliche Identität zu. Ein sechsjähriger Schüler wörtlich:

> Wenn ein Junge seinem Papa was schenkt, will er, dass der Papa sich freut. Und wenn der gar nichts sagt zu dem Geschenk und nur das Geschenk von dem Abel anschaut, dann meint der Kain, dass der Papa ihn nicht lieb hat. Den Abel mag er aber. Und das ist ganz schlimm für den Kain!

Die Erörterung dieser psychologisch hoch brisanten Bibelszene setzt sich fort, und es darf die Lösungsfrage anklingen: »Was hätte denn ›der Papa‹ sagen können, sodass ›der Kain‹ froh geblieben wäre?« Ein neunjähriger Junge formuliert unumwunden seinen Vorschlag:

> Wow, super dein Getreide! Das sind sicher Bio-Körner. Daraus lass ich mir bestes Vollkornbrot backen!

Kain hätte sich über dieses Lob »irre gefreut«. Alle Kinder sind überzeugt: Der Mord an Abel wäre nach einer anerkennenden Reaktion »des Herrn« nie passiert!

Kain klärt auf

Kain klärt auf! Wenige biblische Zeilen referieren uns jene Psychologie, die Einblick gewährt in das Beziehungsgefüge kindlicher Verzweiflung und Aggression. Indem Kinder uns veranschaulichen, was die Gewalttat Kains unterbunden hätte, liefern sie uns einen praxisnahen Grundsatz wirksamer Aggressionsprophylaxe: Wer lobt, schafft und sichert Frieden! Diese kostbare Information über Knotenpunkt 3 unseres *Spickzettels* thematisiert erneut den Wunsch unserer Schüler, beim Gutsein erwischt zu werden. Wir wollen auf diesen Wunsch anerkennend eingehen und dem „Catch the pupils being good!" nachsetzen: *Comment their being good!*

Just das hat »der Herr« versäumt, so vergewissern uns die Kinder. Zugleich lassen sie uns einen genauen Blick auf Knotenpunkt 4 werfen. Kains Ärger ist okay. Er zeigt uns: Dem Wütenden fehlt etwas Wichtiges.

7.2 Vom Signalcharakter der Emotionen

»Hinter jedem Gefühl liegt ein Bedürfnis«, so betonen Arnold und Arnold-Haecky im Zusammenhang mit Konflikten zwischen Lehrer und Schüler (2009, S. 119). Wir sehen diese Position in der pädagogischen Praxis immer wieder bestätigt und sind darum überzeugt, dass wir Gefühlen informative Funktion zuweisen können. Sie informieren uns über das Schicksal von Bedürfnissen: »Wenn wir das, was wir brauchen, bekommen, fühlen wir uns gut, zufrieden und glücklich – und wenn nicht, eben schlecht, enttäuscht oder gar wütend« (ebd.).

Eine Binsenweisheit, der jeder zustimmen wird, so mögen Sie vielleicht anmerken. Und doch entgleitet uns diese »Weisheit« leicht im pädagogischen Alltag. Darum wollen wir sie uns präsent halten und daraus dialogische

Vom Signalcharakter der Emotionen

Vorteile ziehen: Wir handeln und kommunizieren anders, wenn wir die Signalfunktion aggressiver Empfindungen im Schüler und in uns selbst erfassen. »Uns fehlt etwas!«, so denken wir fortan, wenn wir Ärger haben. Der Ärger kann uns dann auf die Suche schicken und schlicht ermitteln lassen, *was* uns fehlt.

Ärgerlich sind in unserer Szene beide. Wolfgang soll etwas tun, wozu er keine Lust hat (Matheblatt bearbeiten). Und Frau Meier reagiert nicht emotionslos auf den Versuch Wolfgangs, sie zu beleidigen (»blöde Kuh«). Sie lässt nicht zu, dass er mit dieser Verbalattacke ihren Wert infrage stellt. Wenn wir nun ermitteln sollen, was fehlt, werden wir in Bezug auf Frau Meier schnell fündig. Wolfgang lässt es an Respekt fehlen. Was aber fehlt ihm denn? Seine Lehrkraft hat sich nichts Defizitäres zuschulden kommen lassen. Ihr Arbeitsauftrag ist kein Verbrechen, auf das der Schüler aggressiv reagieren dürfte! Diese Gewissheit mag sich mit der Vermutung verzahnen, seine eilige Beleidigung gelte womöglich gar nicht dem Arbeitsauftrag und auch nicht Frau Meier. Wer sich geschwind darauf versteht, andere aus geringfügigem Anlass rabiat zu beschießen, leidet womöglich unter Wunden, die in völlig

Knotenpunkt 4: Ärger okay

anderem Kontext entstanden sind und die mit dem je aktuellen wenig bis nichts zu tun haben. Ein Junge beispielsweise, der von seinem Vater ständig als »Taugenichts« beschimpft wird, gerät angesichts eines schulischen Arbeitsauftrages leicht in Angst vor der Bestätigung dieses Befundes. Der tatsächliche Verwunder ist örtlich wie zeitlich fern und tut doch dauerhafte, transkontextuelle Wirkung. Psychoanalytiker sprechen gern von verdrängten »narzisstischen« Verletzungen der Vergangenheit, die immer wieder aufbrechen können und mit aggressiven Signalen auf sich hinweisen. Das ramponierte Ich fühlt sich leicht angegriffen und erleichtert, wenn seine Gewalttätigkeit es oberflächlich restauriert. Diese Zusammenhänge sind sogar kollektiv beobachtbar. Ciompi und Endert diskutieren die soziale Explosivwirkung identitätsgefährdender Hilflosigkeitsgefühle und verweisen auf die »Wiederherstellung der verletzten Selbstachtung durch Aggression« (2011, S. 41). Ein ganzes Volk kann aggressionsbereit werden und sich mit einer aggressiven Leitfigur identifizieren, wenn seine Würde bedroht worden ist. Diese psychisch reparative Funktion der Gewalt rechtfertigt die Gewalt freilich keineswegs! Dass sie im Grunde Schaden beheben will, macht sie nicht unschädlich. So interessieren uns vor allem jene Anteile der Aggression, die uns über eine tragische Motivlage aufklären. Tragisch insofern, als der Selbstwert des Aggressiven nur vorübergehend Luft holt und sich durch die Schaffung von Opfern niemals langfristig erholen kann. Wir vertiefen dieses Thema hier nicht. Festzuhalten ist allerdings, dass wir auf die chronisch impulsive Aggressionsbereitschaft eines Schülers differenziert reagieren wollen. Uns ist allemal die Frage erlaubt: Hat der flink Streitbare Kainserlebnisse hinter sich? Saniert er seine Selbstachtung durch Aggression? Aggressiv verhaltensauffällige Kinder bestätigen uns immer wieder das Recht dieser Frage. Dieser Frage! Eine Frage ist kein diagnostisches Sicherwissen! Diese Zurückhaltung steht jedem gut an, der seine Kommunikationspraxis mit Schlüsselwörtern anreichern möchte. Ein Verschlusswort wäre in diesem Zusammenhang etwa: Was hat man dir denn getan, dass du gleich so aggressiv reagierst? Dieses Verschlusswort verrät diagnostische Arroganz und zerrt Ich-Defekte ans Licht. Es thematisiert Schwächen. Jeder Mensch mit einem Minimalmaß an Selbstachtung wird dichtmachen, wenn er diese Frage hört.

Knotenpunkt 4: Ärger okay

Schlüsselwortorientiert artikulieren wir uns respektvoll. Wir halten für möglich, dass der aggressive Stil des Schülers auf »Kainsumstände« verweist. Sein Hunger nach Lob und Anerkennung ist vielleicht wiederholt frustriert worden, und seine Selbstachtung in steter Gefahr. Nochmals: Diese Annahme ist nur eine Annahme, wir werden uns damit nicht offensiv ins Geschirr legen. Für die Verständigung mit dem Schüler wird sie aber eine wertvolle Hilfe sein. Denn wir möchten ihm einen Vorschuss gewähren, der alles Wohlwollen enthält. Ein gutes Wort ist Frau Meiers Schlüsselwort: »In Englisch und Deutsch bist du ja super!« Ein gutes Wort ist schließlich auch ihr zweifelsfreier Anspruch: »Und ich lasse mich von dir nicht beleidigen«. Dieses Wohlwollen schuldet sie auch sich selbst! Mit diesem umfassenden Wohlwollen gewinnt unsere systemisch gefeilte Pädagogik professionelle wie mitmenschliche Konturen. Menschlichkeit und Professionalität wollen und dürfen in systemischen Arbeitskontexten keine Begriffe konträren Inhalts sein. Wer sich im Umgang mit Schülern professionell bewähren will, lässt seine Menschlichkeit erkennen. Dazu zählen unbedingt unsere Gefühle, wie wir schon gesehen haben. Und wer als Lehrkraft, Pädagoge oder Psychologe in seiner Arbeitsumwelt menschlich landen möchte, wird arbeitsprogrammatische Leitlinien schätzen und sich damit Professionalität sichern. Er mag mit dem, was er fühlt und sagt, vorsichtig sein und wissen, dass auch Negativempfindungen ihr Recht haben und unser reflektiertes Reaktionsvermögen fordern.

Zusammenfassung 4
Im Dialog mit dem Schüler würdigen wir auch seine negativ erlebten Gefühle. Denn wir halten sie für wertvolle Bedürfnissignale.

8 Knotenpunkt 5: Lösung

Der Ärger ist also aus unserer Sicht okay. Er zeigt etwas, er macht mobil gegen das, was ihn erzeugt. Darum wähnen wir ihn aktiv beteiligt an den Lösungsversuchen, die der Schüler in der Auseinandersetzung mit seiner Lehrkraft unternimmt. Die Lehrkraft wird jene Anteile dieser Lösungsversuche entschlossen zurückweisen, die ihre persönliche Integrität tangieren. Sie lässt sich darum nicht »blöde Kuh« nennen und macht klar, dass die Lösung ohne verbale Aggression gegen sie gelingen muss.

8.1 Kein Warum!

Die Lösungsorientierung ist ein tragender Baustein im Gefüge systemischen Denkens und Handelns. An Knotenpunkt 2 haben wir bereits erwähnt, dass Systemiker mit linearen Ursachenanalysen wenig anfangen wollen. Darum sprechen sie lieber über Lösungen als über Konfliktgründe. Die Frage etwa, wie es zu Streit und Auseinandersetzung kam, machen wir nach meiner Auffassung viel zu häufig zu unserem Zentralthema. Viel Zeit verwenden wir darauf. Als Systemiker investieren wir unsere kostbare Zeit eher in die Lösungsarbeit. Und diese Lö sungsarbeit kulminiert in der Erkundigung, was wir uns wünschen, was wir voneinander gegenwärtig und künftig erwarten. Unser 5. Knotenpunkt will, dass uns die Überlegung nicht so wichtig erscheint, wer an einem Streit Schuld hat und wie »verständlich« es darum sei, dass wir uns verbal oder gar körperlich wehtun.

Keine Schuldklärung? Keine Ursachenforschung? Genau!

Fragt Frau Meier also nicht, warum Wolfgang sie »blöde Kuh« genannt hat? Nein, das tut sie auf keinen Fall! Kein »Warum«! Denn wenn Wolfgang gefragt wird, warum er gegen seine Lehrkraft ausfällig wurde, wird er sich eine Begründung zurechtlegen, die er als Rechtfertigung empfinden kann. Und das wäre von fataler Wirkung!

Knotenpunkt 5: Lösung

Sobald Frau Meier den Schüler zu einer Weil-Antwort anregt, schnappt eine Falle zu, die sie kaum mehr aufbekommt. Denn im Moment der Artikulation seines Kausalzusammenhanges mag der Schüler empfinden, dass sein Affront okay sei.

Aber, so werden Sie einwenden, wenn Wolfgang tatsächlich »deswegen« seine Lehrkraft beleidigt hat und er dies geltend macht? Er wird auch ungefragt diese Kausalerklärung starten. An Knotenpunkt 1 haben wir doch, so Ihre weitere Kritik, die Notwendigkeit diskutiert, dem Schüler via Spiegeln zu melden, was wir registrieren. Soll Frau Meier jetzt etwa nicht spiegeln, dass Wolfgang seine Beleidigung mit der Arbeitsunlust begründet? Nein, das soll sie auf keinen Fall! Spiegeln ja, aber nicht den Begründungsanteil! Wir vergegenwärtigen uns den Dialog:

Frau Meier: Ja, Wolfgang, ich bin empfindlich. Das hast du super erfasst! Und ich lass mich von dir nicht beleidigen!

Jetzt, so wollen wir unseren Fall weiter konkretisieren, begründet Wolfgang, obwohl seine Lehrkraft nicht um eine Begründung ersucht. Sie fragt nicht warum, trotzdem hört sie einen Satz, der kausal argumentiert. In der

Kein Warum!

meisten Fällen werden sich Schüler so aus der Schlinge ziehen wollen. Und das stützt genau jene These, von der hier die Rede ist: Begründen wird Wolfgang, weil er die Beschimpfung *rechtfertigen* will.

Wolfgang: Ich hab ja nur deswegen »blöde Kuh« gesagt, weil ich keine Lust auf dieses Matheblatt habe!

Wie soll Frau Meier jetzt spiegeln und zugleich Wolfgangs Begründung außen vor lassen? Und vor allem, so Ihre berechtigte Erwägung, muss denn nicht dieser »Grund« als Grund annulliert werden? Ausdrücklich ist doch klarzustellen, dass das Matheblatt und die Beleidigung nichts miteinander zu tun haben dürfen! Etwa so:

Frau Meier: Du hast keine Lust auf das Matheblatt! Das ist aber kein Grund, dass du mich beleidigst, Wolfgang!

Eine Lehrkraft, die auf diese Weise den »Grund« als nicht triftig ausweist, tut das mit bester Absicht. Sie manövriert sich aber noch viel tiefer in diese Falle hinein! Wieder Ihr Einwand: Welche Falle denn? Wenn Wolfgang und andere Schüler hören, dass dieser »Grund« inakzeptabel sei, steht doch klar fest: Diese Entgleisung darf er sich nicht erlauben!

Knotenpunkt 5: Lösung

An dieser Stelle soll jener Fallstrick Erwähnung finden, der unser Miteinander vor allem im Hinblick auf Streit und Konflikte einschlingt: Wir sind Ursachen-Denker. In Fortbildungsveranstaltungen halten mir engagierte Teilnehmer oft entgegen, dass erst die Sichtung der Ursachen Korrekturen ermögliche. »Wir müssen schauen, woran's liegt!« Diesem Postulat folgt unmittelbar der Gedanke: »… dann stellen wir den Grund infrage, oder wir beheben ihn. So löst sich das Problem!« Diese Logik mag sich oft bestätigen. In der Medizin beispielsweise. In psychologischen und pädagogischen Zusammenhängen jedoch sind wir mit Kausalvisionen vorsichtig, wie wir schon betont haben. Wir müssen nicht schauen, woran's liegt! Nein, oft dürfen wir es gar nicht! An unserem Beispiel ist dies hervorragend ermittelbar. Wenn wir von Wolfgang erfahren, »warum« er seine Lehrkraft diffamiert hat, müssen wir – dieser Logik gemäß – diesen »Grund« infrage stellen oder beheben. Frau Meier tut das in oben zitiertem Satz. Wolfgang vernimmt also die Botschaft, seine Arbeitsunlust sei kein Grund, sie »blöde Kuh« zu nennen. Damit hat die Lehrkraft zwar gegen die Aggression, aber zugleich kausal argumentiert. Und genau darin liegt das

Kein Warum!

Desaster, genau das lässt die Falle noch fester zuschnappen! Kaum erträglich jetzt die Widersprüchlichkeit dieser seltsamen Verwicklung: Frau Meier beteiligt sich an einer »Grund«-Diskussion, in der ihre Opposition die Position Wolfgangs zunächst als gültig bewilligt. Ich kann mich nur gegen etwas stellen, was ich als Seiendes, als Reales akzeptiere. Frau Meier aber will den »Grund« ihres Schülers nicht akzeptieren. Und dies gelingt ihr besser, so unser Lichtblick an dieser Stelle, *indem sie gegen den »Grund« nicht mal opponiert.* Wie verhängnisvoll sich die zweifelsohne gut gemeinte Opposition gegen Wolfgangs »Grund« ausnähme, veranschaulicht die Spekulation, die sie ermöglichte: Na, wenn meine Arbeitsunlust kein »Grund« ist, dann gibt es vielleicht einen anderen! Die konstante Weigerung Frau Meiers, sich auf eine »Grund«-Diskussion einzulassen, impliziert die entschlossene Gewissheit: Es gibt überhaupt keinen Grund für eine Beleidigung! Nicht diskutiert wird darüber! So klar ist das – wie die Tatsache, dass es keine viereckigen Bälle gibt.

Sie werden ungeduldig sein. Was soll denn Frau Meier jetzt auf die unerwünschte Begründung Wolfgangs spiegelnd (!) entgegnen? Ich rechne mit Ihrer Enttäuschung.

Knotenpunkt 5: Lösung

Denn ich überrasche Sie mit einer ollen Kamelle. Frau Meier tut nur, was sie schon gemacht hat. Sie erfasst sprachlich Wolfgangs Unlust und ihre Wehr gegen die Beleidigung, *ohne* den von Wolfgang konstruierten Kausalzusammenhang zu berücksichtigen. Wiederholen wird sie ihren einfachen und kostbaren S(ch)atz.

Frau Meier: Du hast keine Lust auf das Matheblatt, und ich lasse mich von dir nicht beleidigen, Wolfgang!

Dabei bleibt sie und hält damit ein Fundament stabil, auf dem ihre weitere Lösungsarbeit mit Wolfgang zusammen gedeihen kann.

Bevor wir diese Lösungsarbeit angehen, noch ein kurzes Wort zur Negativformulierung von Frau Meiers Statement. Positivformulierungen sind grundsätzlich hilfreicher. Eine Mutter, die an einer verkehrsreichen Straße auf ihr Kind achtet, sagt zu ihm besser »Bleib bei mir!« als »Lauf nicht weg!«. So hat das Kind eine konkrete Vorstellung vom erwünschten Verhalten und orientiert sich leichter. Hier in unserem Zusammenhang hieße dies: statt »Ich lasse mich von dir nicht beleidigen!« eher »Ich möchte, dass du freundlich mit mir sprichst!«. All Ihre

Kollegen, mit denen ich diese Alternative bisher diskutiert habe, schüttelten den Kopf. Und auch ich neige dazu, im Fall von verbaler oder tätlicher Aggression persönliche Grenzen auch in negativer Ausdrücklichkeit zu ziehen. Denn der Angriff ist ein Angriff, kein positiv geölter Wattebausch ändert dies. Als Angriff auch muss er rückgemeldet werden – am besten emotional erkennbar, wie wir an Knotenpunkt 1 bereits besprochen haben. Haim Omer beruft sich auf den großen britischen Kinderarzt und Psychoanalytiker Donald Winnicott, wenn er festhält: »Der Gewalttätigkeit des Kindes muss voll und emotional gegenübergetreten werden, oder das Kind kann nicht empfinden, dass die anderen Menschen wirklich lebendig sind« (Omer u. Schlippe 2008, S. 78).

8.2 Lösungsfragen

Die Lösungsarbeit wird nach der deutlichen Grenzklärung im weiteren Dialog vollzogen. Wieder: Wir fragen! Denn wir wollen, dass der Beleidiger selbst die Lösung gebiert. Gebiert? Ja, von Sokrates kennen wir eine Fragemethode, die er »Mäeutik« nennt (= Hebammenkunst). Platon überliefert uns, Sokrates habe sich mit einer Heb-

Knotenpunkt 5: Lösung

amme verglichen, da er keine Weisheiten doziert, sondern lediglich Fragen gestellt habe. Damit setzte er seine Schüler in den Stand, Einsichten selbst zu gewinnen. Diese Einsichten lauerten in den »Seelen« seiner Zöglinge und warteten im Dialog auf den Moment ihrer Geburt. Für den großen Philosophen galt programmatisch, dass er »Geburtshilfe leistet ... dass ich nämlich immer nur die anderen frage, selber aber in keinem Punkt irgendetwas zutage fördere ... Ich selber bin also überhaupt nicht klug ... Und dabei lernen sie [seine Schüler, A. H.] offensichtlich nie auch nur irgendetwas bei mir, sondern finden selber viele hervorragende Wahrheiten bei sich heraus und bringen sie hervor« (Platon 1981, S. 31).

Wenn Frau Meier jetzt ihrem Schüler Fragen stellt, befindet sie sich in langer abendländischer Philosophie-Tradition. Methodisch kommt hier nichts Neues zum Tragen. Sokratisch lösungsorientiert lässt sie ihren Beleidiger friedliche Alternativen »gebären«.

Frau Meier: Was kannst du denn sagen oder tun, Wolfgang, wenn du gefrustet bist und niemanden beleidigst? Hast du da sprachlich auch was anderes zur Verfügung?

Lösungsfragen

WOLFGANG: Was weiß ich, ich sag halt nur »Scheiß-Matheblatt« oder tret mit dem Fuß gegen den Schulranzen oder ich zerknüll ganz einfach irgendein Papier.
FRAU MEIER: Das sind ja echt ganz konkrete Gedanken, die du da bringst. Was wäre denn da anders, Wolfgang?
WOLFGANG: Wie meinen Sie das, anders?
FRAU MEIER: Wie ging's uns damit, wenn deine Wut nur das Matheblatt oder den Schulranzen träfe, und du nicht zu mir »blöde Kuh« sagen würdest?
WOLFGANG: Na ja, schon besser. Die Stimmung wäre nicht so mies und wir hätten jetzt kein Gespräch, wo ich zugetextet werd. Mann, das ist echt nervig!
FRAU MEIER: Du hast das völlig richtig erfasst, Wolfgang. Du merkst genau, was abgeht, super!

Mit dieser Sequenz halten wir exemplarisch fest, wie wir mit Schülern so reden können, dass sie sich selbst als Problemlöser erleben. Zwischen der dozierenden Anweisung »Sag oder tu was anderes, wenn du wütend bist!« und der Frage »Was kannst du denn sagen oder tun, Wolfgang, wenn du gefrustet bist und niemanden beleidigst?« liegt

Knotenpunkt 5: Lösung

ein himmelweiter Unterschied. Die erste, imperative Version begreift den Schüler lediglich als Empfänger einer Botschaft, die er zu schlucken hat. Die zweite, „invitative" Version ersucht den Schüler, aktiver Sender einer Botschaft zu werden, mit der auch er sich arrangieren könnte. Was *er selbst* formuliert, ist *seine* Idee, ist *sein* Alternativentwurf. Mit *seinem* Produkt wird er wahrscheinlicher einverstanden sein als mit den Forderungen seines Gegenübers. Was wir an Knotenpunkt 2 als autopoietisches Dilemma diskutierten, kann sich hier wunderbar auflösen. Denn die Frage Frau Meiers begibt sich in das System Wolfgang, und was er antwortet, artikuliert sich aus seinem System heraus. Er »gebiert« die Lösung. Und die ist »sein eigen Fleisch und Blut«, wie man mit sokratischem Pathos formulieren könnte. Dass sich der »Gebärer« damit identifiziert und sich daran orientiert, darf Inhalt pädagogischer Realhoffnung sein.

Zusammenfassung 5
Wir stellen keine Warum-Fragen. Wir fragen so, dass die Schüler selbst Lösungen finden.

9 Knotenpunkt 6: Kontext

Tarek kommt fast jeden Tag zu spät. Ihnen und auch einigen Schülern missfallen diese Extratouren. Gut nachvollziehbar, dass Sie ihm gehörig die Leviten lesen und sich dieses Störverhalten verbitten.

Wir wollen an diesem letzten Kotenpunkt wieder unser Feingespür für Unterschiede aktivieren. Stellen Sie sich vor, Tarek setzt sich. Sie rügen ihn nicht, sondern richten an die ganze Klasse die Frage, welche Nachteile das wiederholte Zuspätkommen eines Schülers für das Unterrichtsklima hat. Einige Mädchen und Jungs antworten, sie seien genervt und finden es absolut »uncool«, dass Tarek meint, er habe ein Sonderrecht. Worin besteht der Unterschied? Klar liegt er auf der Hand: Nicht Sie haben die Korrektur angemahnt, sondern Mitglieder jener Gruppe, zu der auch Tarek gehört. Statusgleiche protestieren. Und dieser Protest hat eine ganz andere Qualität. Er gehört – lassen Sie es mich systemisch formulieren – zur autopoietischen Wirklichkeit der Einheit Klasse. Wenn der Lehrer die Schüler nach ihrer Position befragt, nutzt er ein Potenzial, dessen Normbildung hohe Verbindlichkeit schafft. Die Kritik an Tareks Verhalten artikuliert

Knotenpunkt 6: Kontext

sich nicht systemfremd, sondern systemimmanent. Und damit erhöht sich die Wahrscheinlichkeit, dass er sich an den Inhalten dieser Kritik orientiert. Die Gruppe, zu der Tarek gehört, hat im eigentlichen Sinn des Wortes unwiderstehliche Sozialisationskraft. Unser letzter Knotenpunkt will zeigen, wie wir diese Sozialisationskraft nutzen können. Wir brauchen diese Kraft. Vor allem in jenen Momenten, da der Dialog so einfach nicht abläuft, wie an Knotenpunkt 5 exemplarisch dargestellt. Gewiss ging Ihnen das zu einfach. Ich höre Ihre Zweifel: Die Lösungsfrage soll dermaßen postwendend die Lösungsantwort entlockt haben? Was wäre zu sagen, hätte Wolfgang auf die Frage seiner Lehrkraft entgegnet:

WOLFGANG: Wie es uns geht, ist mir egal, ich habe nun mal »blöde Kuh« gesagt und auch keine Lust zu überlegen, was ich anders machen könnte.

Wir erwägen zunächst, was eine Antwort dieses dissozialen Gewichts verhindern könnte. Meiner Berufserfahrung zufolge wirkt die Erarbeitung einer prosozialen Grundposition im Schülerverband hervorragend prophylaktisch. *Noch bevor* Wolfgang die Neigung spürt, seine Lehrkraft mit »blöde Kuh« zu titulieren, könnten er und seine

Mitschüler denken: Der Beleidiger demonstriert keine persönliche Größe, sondern kapituliert vor seinem Unvermögen. Wer beleidigt, ist schwach. Wer anders kann, ist stark! Diese axiomatisch anmutende Ethik wird sehr hilfreich sein, wenn sie in den Schülern präsent und in Momenten akuten Konfliktes gedanklich abrufbar ist.

Wie entsteht diese Ethik? Ihr Unterricht kann jede Woche Segmente enthalten, in denen Sie die soziale Sensibilität und Beziehungskompetenz Ihrer Schüler fördern. Sozialinstruktive Abschnitte Ihrer Lehrtätigkeit werden eine Klassenmoral generieren, die Beleidigungsakten zuvorkommen mag. Systemiker lehrten mich den therapeutischen Wert von Geschichten. »Wirklichkeit besteht aus miteinander geteilten Geschichten« (von Schlippe u. Schweitzer 2012, S. 60). Geschichten, die wir uns erzählen und an die wir glauben, formen unsere Wirklichkeit. Unser Verhalten, unsere Identität ist Geschichte. Wenn wir ersucht werden, uns selbst zu beschreiben, werden wir schnell Geschichten über uns zum Besten geben. Sie charakterisieren uns. Mythen, farbige Erzählungen über Götter und Sterbliche, Märchen und Fabeln skizzieren und gestalten seit Urzeiten die Psychologie des Menschen

Knotenpunkt 6: Kontext

(Knotenpunkt 4: Kain und Abel, Knotenpunkt 2: Rumpelstilzchen). Systemische Therapeuten, die narrativer Methodik zuneigen (lat. *narrare* = erzählen), arbeiten mit ihren Klienten zusammen an ihren (Selbst-)Geschichten. Wenn Geschichten Wirklichkeit erzeugen, können wir damit gezielt auch in Schulklassen operieren. Ihre Schüler werden gern eine interessante »Story«, die sie inhaltlich anlockt, interpretativ bearbeiten und auf I/ihren Alltag übertragen. Sie erzählen beispielsweise: Ein Junge, Tom, ist frisch verliebt. Er lädt seine Angebetete, Lara, zum Eis ein. Ein fester Termin ist vereinbart. Lara verspätet sich um 15 Minuten. Tom ist außer sich vor Wut und knallt ihr an den Kopf, sie sei eine »blöde Schlampe«.

Stunden, in denen Sie diese oder andere je altersangemessenen Geschichten zur Diskussion stellen, könnten Sie »Schülerkonferenz« oder »Schülerparlament« nennen. Ein fester Platz für diese Konferenz in Ihrer Didaktik sichert die Kontinuität Ihrer und der Schüler Überzeugungsarbeit. Systemisch inspiriert, stellen Sie Fragen: Was bewog Tom zu dieser Einladung? Was wird er mit der Beleidigung »blöde Schlampe« bewirkt haben? Wie reagiert Lara? Die Kinder erweisen sich als soziale Intelligenz-

Knotenpunkt 6: Kontext

größen und befinden, dass Lara ihm wohl den Laufpass geben wird. Die Antworten der Schüler auf Ihre Empathie-Fragen krönen Ihre fruchtbare Pädagogik: Lara fühlt sich verletzt und hält Tom für einen »primitiven Typen«. Er zieht mit Sicherheit den Kürzeren. Mit seiner »Doofheit« ist er jetzt allein. Vielleicht belügt er sich selbst mit allerlei uncoolen Sprüchen: »Bin froh, dass diese Schlampe weg ist, mit der hätt ich sowieso nur Stress« oder Ähnliches. Die Kinder wollen die Kläglichkeit solcher Versuche, sich selbst zu beruhigen, genau durchschauen. Und jetzt lauert der systemische Kick. Ganz lösungsorientiert stellen Sie die Frage, wie Tom mit seinem Ärger und mit Lara umgehen könnte, sodass sie ihn *nicht* für einen »primitiven Typen« hielte. Mehr noch! Lara hätte Einsehen, würde sich entschuldigen und dann mit ihm zusammen ins Eisparadies verschwinden. Was müsste Tom sagen, um den Konflikt dermaßen versöhnlich zu bewältigen? Ihre Schüler stechen Löcher in die Luft und wollen mit wertvollen Beiträgen ihr Beziehungs-Know-how nachweisen. »Klar, Tom könnte sagen, dass er sich ärgert und Lara fragen, wie es ihr ginge, wenn er zu spät käme!« Das Gespräch der beiden Jungverliebten verliefe

Knotenpunkt 6: Kontext

mit Sicherheit anders. Rollenspiele Ihrer Schüler könnten die Wirkung dieser Geschichte vertiefen, an deren Ende das zarte Glück trotz fraglicher Differenz erhalten bliebe.

Am Schluss eines gelungenen Schülerparlaments stünde der von den Kindern/Jugendlichen zertifizierte Befund: Beleidigen ist schwach und dumm. Respektvoll reden ist stark und intelligent. Die Schüler formulieren ihr Diskussionsergebnis in ihrer Sprache. Vielleicht sagen sie statt »intelligent« »was in der Birne«, »was auf dem Kasten«, oder »was im Hirn«. Allemal wichtig: Der »Slang« Ihrer Schüler formuliert das Resultat des Gespräches. Sie stellen, wie Sokrates, nur Fragen.

LEHRKRAFT: Was braucht ein Typ, der auf Schimpfwörter verzichten kann?

SCHÜLER: Der muss was auf'm Kasten haben. Blödes Zeug reden kann ja jeder!

LEHRKRAFT: Super, top verstanden, hervorragend geantwortet!

Wenn nun von Ihnen immer wieder bzw. regelmäßig Schülerparlamente einberufen werden, in denen Ihre jungen Azubis Geschichten oder Themen sozioemotionalen Inhalts erörtern, kann eine Moral gegenseitige

Knotenpunkt 6: Kontext

Rücksicht, kann eine Ethik interaktionaler Ideale wachsen. Ein Schüler wird sich schwer überlegen oder sogar hüten, mit seinem ungebührlichen Verhalten gegen diese sprungbereite Klassenmoral zu handeln. Er kriegt es mit Gleichaltrigen zu tun.

Nehmen wir an, Wolfgang ist Mitglied einer Klasse, die sich turnusmäßig schülerparlamentarisch verständigt. Er wird zögern oder davon absehen, seiner Lehrkraft entgegenzuhalten, es sei ihm egal, was er mit seiner Beleidigung bewirke. Denn Frau Meier kann jederzeit die Schüler um Mithilfe oder besser um Mitsprache ersuchen. Wolfgang hat gegen jenen Wertekanon verstoßen, den das System Klasse dauerhaft engagiert erarbeitet. Und damit ist seine Beleidigung nicht nur Sache zwischen ihm und Frau Meier, sondern diskutables Thema seiner Altersgenossen auf der Schulbank. Das weiß Wolfgang. Trotzdem kann es sein, dass er mit oben zitierter Replik noch eins draufsetzt. Darum schauen wir nochmals auf diese Entgegnung.

WOLFGANG: Wie es uns geht, ist mir egal, ich habe nun mal »blöde Kuh« gesagt und auch keine Lust zu überlegen, was ich anders machen könnte.

Knotenpunkt 6: Kontext

Systemisch methodenroutiniert lässt Frau Meier jetzt ihr junges Kollegium kooperieren. Die schülerparlamentarisch geimpften Mädchen und Jungs werden bereit sein, ihrem Mitschüler Grenzen aufzuzeigen, an deren Gültigkeit sie keinen Zweifel gestatten.

FRAU MEIER: Dir ist das egal. Mir nicht. Ich lasse mich von dir nicht beleidigen. (An die Klasse gewandt) Ich bitte jetzt um eure Stellungnahme. Wir wissen, was Beleidigungen anrichten. Und nach dem, was ihr im letzten Schülerparlament diskutiert habt, kann ich mir denken, dass ich hier nicht die einzige Person bin, der Wolfgangs Verhalten gegen den Strich geht.

Auf dieses Ersuchen hin werden die Früchte systemischer Arbeit reich zu ernten sein. Die Gesprächsteilnehmer können präzise und konkret angeben, wohin verbale Aggressionen führen, wie sehr sie die Klassenatmosphäre zerstören und das Miteinander sabotieren. Die Schüler selbst dulden nicht, dass einer der Ihren systemdestruktiv zugange ist. Und da Frau Meier mit ihrem Ersuchen nicht zum großen Halali gegen ihren Beleidiger geblasen hat, wird sie die Meldungen der Kinder mit einer Pro-Wolfgang-Lösungsfrage verbinden.

Knotenpunkt 6: Kontext

Frau Meier: Du hast mich beleidigt Wolfgang. Wir haben kürzlich diskutiert, was eine Beleidigung bedeutet. Du weißt, ich lasse mich von dir nicht respektlos ansprechen. Es gibt einen guten Weg, auf dem du das in Ordnung bringen kannst. Welchen Weg meine ich?

Die Schüler selbst bringen die Option einer Entschuldigung ins Spiel. Auch wie eine Entschuldigung überzeugend adressiert wird, kann längst Inhalt schülerparlamentarischer Arbeit gewesen sein: Wolfgang wird aufstehen, Frau Meier direkt ansprechen und sagen, was er korrigieren will (zum systemisch vollzogenen Versöhnungsritual siehe auch Hergenhan 2010, S. 79–85, 2011, S. 94 f., 159–163).

Wenn mit Wolfgang zusammen diese Lösung erarbeitet wurde, ist er sich des Respekts seiner »Peer-Group« sicher. Wir haben auf unserem Spickzettel spekuliert, der Schüler könne selbst einen Gewinn darin sehen, seine Lehrkraft nicht mehr zu beleidigen. Wir wissen jetzt, welcher Vorteil, welcher Gewinn ihm winkt: Wolfgang bleibt seinem System, seiner Gruppe, seiner Gemeinschaft zugehörig. Und die versteht sich darauf, miteinander zu-

Knotenpunkt 6: Kontext

---

rechtzukommen. Das englische Wort »peer« kommt vom lateinischen »par«. Das heißt »gleich« und »ähnlich«. Eine weitere wichtige Bedeutung meint: einer Sache oder jemandem »gewachsen« sein. Gewachsen ist und wachsen wird Wolfgang, wenn ihm Lehrkräfte und Mitschüler erfolgreich zeigen, wie wir respektvoll miteinander umgehen. Ein tief empfundener Wunsch geht damit in Erfüllung: dazuzugehören, und im Dazugehören Einverständnis mit sich selbst zu ermöglichen.

Unser letzter Knotenpunkt will den systemischen Zusammenhang zwischen Beziehungskompetenz und Selbstwert hervorheben. Sobald ein Schüler erlebt, dass er auf primitive Verbalaggressionen verzichten kann und dafür ermutigende Rückmeldungen erhält, ist ein zentrales Ich-Interesse aktuell: Andere achten mich, ich bin wertvoll. Dieses Ich-Interesse steuert uns alle ein Leben lang und ist sozial erfüllbar. Wie bereits an Knotenpunkt 1 festgehalten: Anderen darf nicht egal sein, was wir tun und sagen. Im entschlossenen Protest der Lehrkraft gegen Beleidigungen und in seiner systemischen Taktik entfalten sich wirksame Kräfte gegen jenes Trauma, das Kain zu tödlicher Aggression mobilisierte.

Knotenpunkt 6: Kontext

Zusammenfassung 6
Wir begreifen uns als steuernde Koakteure, die, wiewohl steuernd, auf die Koaktion der Schüler angewiesen sind.

Schlusswort

10 Schlusswort

Wenn Sie unseren Ariadnefaden aufspulen, werden Sie sehen, dass wir nur auf wenige Sätze die systemische Lupe hielten. Zudem wiederholten sie sich mehrmals. Diese wenigen Sätze können eine Kommunikationsreform einleiten, die die Beleidigungsbereitschaft der Schüler erübrigt bzw. reduziert. Reform heißt, etwas Neues will Eingang finden: Wir zeigen unsere Gefühle. Wir loben einen Schüler, der uns beleidigt. Wir geben offen unsere Empfindlichkeit zu. Wir fragen nicht mehr »warum«. Nach meiner und vieler Ihrer Kollegen Berufserfahrung können wir, gerüstet mit diesem Neuen, uns erfolgreich gegen Beleidigungen zur Wehr setzen. Eingangs ist zudem in Aussicht gestellt, dass wir unsere Beziehung zu Schülern positiv verbindlich gestalten, wenn wir systemisch arbeiten. Systemisch spüren wir Unverschlechterliche[1] vor allem Gutes auf – sogar an den Zeniten harter Auseinandersetzung. Mit dieser Suchbereitschaft gelingen uns Beziehungen, die uns angenehm verbinden.

Unser methodisch Neues ist gewiss hin und wieder eine

---

[1] Mit unserem Ariadnefaden in der Hand kann ich mich nur schwer damit abfinden, dass es im Deutschen zu »unverbesserlich« kein Antonym gibt.

Schlusswort

harte Nuss. Wir werden das Neue üben müssen. Und da auch wir Erwachsene autopoietisch ticken, wollen wir Neues gewiss nur dosiert akzeptieren. Dieser Spickzettel verzichtet darum bewusst auf die Sintflut besserwisserischer Ratschläge und meint geradezu klassisch: Weniges ist viel! Und dieses Wenige mag gute Wirkung tun!

Wenn Sie Lust haben, können Sie mir über diese Wirkung persönlich oder im Blog berichten.

Auch Kritik ist mir aufs Beste willkommen:

aggressivekinder.wordpress.com

Dank

Herzlich danke ich Herrn Peter Steger aus Erlangen für seine wertvollen und anregenden Lektoratshilfen! Die Zeichnungen fertigte Frau Christine Keferloher aus Rottach-Egern an.

Anton Hergenhan

Literatur

Arnold, R. u. B. Arnold-Haecky (2009): Der Eid des Sisyphos. Eine Einführung in die Systemische Pädagogik. Baltmannsweiler (Schneider Verlag Hohengehren).

Breaux, A. u. T. Whitaker (2011): Die sieben Geheimnisse guter Lehrer. Die wesentlichen Erfolgsformeln kennen und anwenden. Aus dem Amerikanischen von Christel Klink. Buxtehude (AOL-Verlag).

Ciompi, L. u. E. Endert (2011): Gefühle machen Geschichte. Die Wirkung kollektiver Emotionen – von Hitler bis Obama. Göttingen (Vandenhoeck & Ruprecht).

Hergenhan, A. (2010): Aggressive Kinder? Systemisch heilpädagogische Lösungen. Dortmund (Modernes Lernen).

Hergenhan, A. (2011): Wenn Lukas haut. Systemisches Coaching mit Eltern aggressiver Kinder. Heidelberg (Carl-Auer).

Hubrig, C. u. P. Herrmann (2005): Lösungen in der Schule. Systemisches Denken in Unterricht, Beratung und Schulentwicklung. Heidelberg (Carl-Auer), 3. Aufl. 2010.

Juul, J. (2010): Ich kämpfe täglich mit deutschen Müttern. DIE ZEIT. ZEIT Magazin Nr. 9 25.02.2010

Omer, H. u. A. Schlippe von (2008): Autorität ohne Gewalt. Coaching für Eltern von Kindern mit Verhaltensproblemen. »Elterliche Präsenz« als systemisches Konzept. Göttingen (Vandenhoeck & Ruprecht).

Platon (1981): Theätet. Griechisch/deutsch. Übersetzt und herausgegeben von Ekkehard Martens. Stuttgart (Philipp Reclam jun.).

Rogers, C. R. (1983): Die klientenzentrierte Gesprächspsychotherapie. Client-Centered Therapy. Frankfurt (Fischer).

Schlippe, A. von u. J. Schweitzer (2012): Lehrbuch der systemischen Therapie und Beratung I. Das Grundlagenwissen. Göttingen (Vandenhoeck & Ruprecht).

Watzlawick, P., J. H. Beavin u. D. D. Jackson (2007): Menschliche Kommunikation. Formen, Störungen, Paradoxien. Bern (Huber).

Watzlawick, P. (1986): Vom Schlechten des Guten oder Hekates Lösungen. München (Piper).

Über den Autor

Anton Hergenhan, Dipl.-Psych.; systemischer Individual-, Paar- und Familientherapeut; nach 20 Jahren Leitung einer teilstationären Einrichtung für verhaltensauffällige Kinder (Heilpädagogische Tagesstätte) Übernahme einer Dozentur an einer Fachakademie für Sozialpädagogik. Arbeitsschwerpunkte: psychologische Einzel- und Gruppentherapie, Familientherapie; systemisches Coaching mit Eltern, kooperativer Austausch mit Lehrkräften, methodologische Synthese verhaltenstherapeutischer und systemischer Interventionsverfahren.

Veröffentlichung u. a.: *Wenn Lukas haut. Systemisches Coaching mit Eltern aggressiver Kinder* (2011).

Kontakt: aggressivekinder.wordpress.com

Inge Maria Mandac

Lehrer-Eltern-Konflikte systemisch lösen

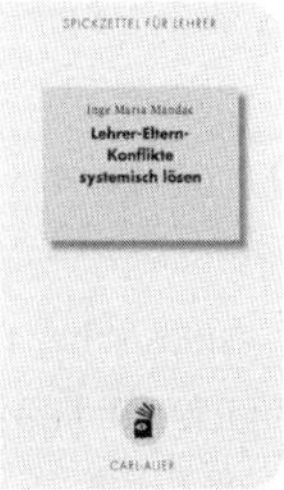

Mit Zusatzmaterial online!

94 Seiten, Kt, 2013
ISBN 978-3-8497-0013-3

Konflikte zwischen Lehrern und Eltern gehören zum Schulalltag wie Kreide und Tafel. Sie können offen, weniger offen oder verdeckt sein – in jedem Fall kosten sie Zeit und Kraft. Dieses Buch zeigt Wege auf, die die Verbindung zwischen Lehrern und Eltern stärken und Konflikte für beide Seiten zu einem konstruktiven Prozess werden lassen.

Inge Maria Mandac gibt Lehrenden praktische Konzepte an die Hand, die helfen, mit Konflikten gelassen umzugehen und die Eltern zur Kooperation zu ermutigen. Zu typischen Konflikten aus dem Schulalltag stellt sie Handlungsstrategien für ein gelingendes Zusammenwirken von Lehrern und Eltern und für ein vertrauensvolles Schulklima vor.

Leitfäden für die Gesprächsgestaltung und übersichtliche methodisch-didaktische Anleitungen machen diesen „Spickzettel" zu einem inspirierenden Begleiter für die tägliche Praxis. Er wird online ergänzt durch kopierfertige Vorlagen für die Elternarbeit.

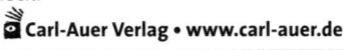

Carl-Auer Verlag • www.carl-auer.de

Jürgen Pfannmöller

Der systemische Lehrer

Ressourcen nutzen, Lösungen finden

96 Seiten, Kt, 2013
ISBN 978-3-8497-0012-6

Jürgen Pfannmöller zeigt am Beispiel typischer Schulsituationen, wie Probleme entstehen – und wie eine veränderte Haltung neue Handlungsmöglichkeiten eröffnet. Selbst erfahrener Pädagoge, beschreibt er, wie sich mit einer geeigneten Fragehaltung Problemkonstruktionen aufspüren lassen, wie Muster unterbrochen werden können oder wie man sich aus Verstrickungen löst.

In kleinen Geschichten aus dem Blickwinkel eines Ich-Erzählers stellt Pfannmöller systemisches Denken und Handeln praxisnah vor und zeigt, wie es sich im Unterricht, in Beratungssituationen oder auch mal „zwischen Tür und Angel" nutzen lässt.

„Ein hervorragender ‚Spicker', den man gut und gerne nutzen wird. Er hilft, den jungen Menschen in der Schule mit einer gesunden, wertschätzenden Haltung gegenüberzutreten. Entlastung für den Schulalltag ist hier garantiert möglich." Detlef Rüsch, Jugendsozialarbeiter an Schulen

Carl-Auer Verlag • www.carl-auer.de

Gesa Staake

Motiviert in den Unterricht

Wie systemisches Denken und Handeln
den Schulalltag erleichtert

96 Seiten, Kt, 2013
ISBN 978-3-8497-0014-0

„Man kann das Pferd zum Wasser führen, aber man kann es nicht zum Trinken zwingen", soll Gregory Bateson gesagt haben. Bezogen auf den Schulalltag könnte das heißen: Ob die Schüler lernen oder nicht, ist deren eigene Entscheidung. Die Lehrenden können jedoch ihre Schüler „zum Wasser" führen.

Wie das für alle Seiten entspannt gehen kann, beschreibt Gesa Staake in diesem „Spickzettel für Lehrer". Sie betrachtet Unterricht als Kommunikation, in deren Verlauf Schüler eingeladen werden, Neues zu entdecken. Die Lehrenden bestimmen die Atmosphäre dieser Interaktion.

Als langjährige Beratungslehrerin kennt Gesa Staake diese Herausforderung aus verschiedenen Perspektiven. Anhand von typischen Situationen aus dem Schulalltag zeigt sie konkrete Wege auf, wie Lehrer ihren Unterricht motivierter, freudvoller und damit auch erfolgreicher gestalten können.

Carl-Auer Verlag • www.carl-auer.de

Saskia Erbring

Inklusion ressourcenorientiert umsetzen

124 Seiten, Kt, 2014
ISBN 978-3-8497-0022-5

„In der Politik wird ‚Inklusion' als populärer Begriff gehandelt. Im pädagogischen Alltag zeigt sie sich jedoch als Prozess, der die Beteiligten vor unzählige kleine Situationen stellt, auf die sie mehr oder – meist – weniger gut vorbereitet sind. Gut, wenn man dann einen hilfreichen Begleiter dabei hat, der einen mit theoretisch fundiertem Rüstzeug für kommunikatives Handeln versieht. Und genau das bietet dieses Büchlein."
Arist von Schlippe,
Professor Priv. Universität Witten/Herdecke

„Für mich als Lehrerin ein unverzichtbarer Ratgeber auf dem Weg von der ‚Problemtrance' zur Lösungsorientierung in inklusiven Schulentwicklungsprozessen. Für mich als Wissenschaftlerin eine gelungene Übersetzung von der Theorie in die Praxis."
Bettina Amrhein,
Vertr.-Professorin Universität Bielefeld

Carl-Auer Verlag • www.carl-auer.de

Carl Auer

Das kleine Leerbuch

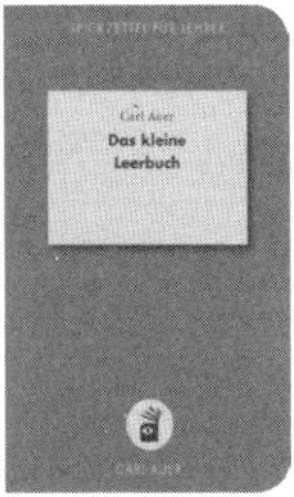

96 Seiten, Kt, 2013
GTIN 4260215850067

Ein Spickzettel mit den richtigen Informationen hat schon manche bedeutende Situation entscheidend beeinflusst – in der Prüfung, vor dem Elfmeter, auf der Pressekonferenz …

Wichtiger als das „Spicken" selbst ist dabei oft das Schreiben. Was man aufgeschrieben hat, bleibt besser im Gedächtnis haften: der gute Vorsatz, der nicht nur bis Drei Könige halten soll, die Lebensweisheit des pensionierten Kollegen, die Geschenkidee für den nächsten Geburtstag, das interessante Urlaubsziel.

Das kleine Leerbuch nimmt aber auch ganz Praktisches auf: Internetadressen, Telefonnummern, Tante Beates Geburtstag – und wird so schnell zum zuverlässigen Begleiter, den man nicht mehr missen möchte. Probieren Sie's aus!

Carl-Auer Verlag • www.carl-auer.de